皆伝タロット

運勢判断と未来予知

イーデン・グレイ 著
Eden Gray
星みわーる 訳

郁朋社

タロットの神秘

　タロットの起源は、あまりにも濃い時の霧の中に埋もれているので、タロットの周辺が、神話や伝説ばかりだというのも当然の事です。迷信、飛躍した想像力、推測がタロット伝承の豊かで多彩なタペスリーに、独自のパターンを付け加え、タロットの魔力と神秘のオーラをひたすら深めているのです。そして、ある歴史的な理論の元にカルトが育ち、時折その（カルトの）信奉者たちが熱狂的に、それこそが「真実」であると宣言してきました。しかし、もっと知識のある研究者は、かなりの柔軟性――懐疑心とでも言えましょうか――を持ち、厳しい決め付けをしていません。

私たちができる真の主張とは、タロットは人間の経験の象徴的な記録だという事です。深く根付いた不思議な力を使って、カードは、心理の洞察、賢い助言、正確な予知の奇跡を起こします。

謝辞

この原稿を準備するのにあたって、計り知れない援助をしてくださったナン・ブレイマーさんに、深く感謝申し上げます。

また、占星術の問題に全面的なご助言をくださったメアリー・ベックウィヅ・コーヘンさんにも、心より感謝致します。

目　次

装　丁——スズキデザイン

1
タロットの定義

タロットと呼ばれる古くて不思議なカードは、初心者の好奇心を掻きたてて止みません。「タロットカードって何？」「何でタロットはこんなに私たちのトランプと違うの？」「本当に未来が予言できるの？」「誰かその読み方を習う事ができる？」

この本は、このような質問やその他多くの質問に答えるため、また、読者にタロットの知識を教えるために作りました。つまり、タロットの歴史や他のオカルト科学との関連、そして、タロットを使って、過去、現在、未来に光をあてるやり方についてです。

トランプカードはタロットの一部をそのまま引き継いだと誰もが認めています。親子の類似性は偶然にしては、あまりにも衝撃的です。どちらにも、1から10番までのカードがあり、絵カードあるいは「コートカード」がついています。また、ジョーカーに番号が無く、デッキの中の位置が決まっていないように、タロットの愚者にも、特別な番号や定められた位置は無いのです。しかし、ジョーカーも愚者もそれぞれのパックにいつでもあります。

タロットには78枚のカードがあり、そのうち56枚（トランプに大変似ています）は等分に4つのスートに分かれます。それらは、ワンド、カップ、ソード、ペンタクルと呼ばれますが、クラブ、ハート、スペード、ダイヤにそっくりです。このようなスートのカードは、小アルカナとして知られています（アルカナはラテン語で秘儀という意味です)。それに大アルカナと呼ばれる22枚のカードが続きます。大アルカナは、象徴的な人物たち、自然の要素、人間の霊的な旅での経験、人間の希望や恐れ、喜びや悲しみを描いています。

大アルカナは、お判りのように、トランプとあまり似ている所がありません。大アルカナの絵は、普遍的な象徴やイメージの宝庫、伝説、神話、哲学、宗教や人類の魔術への信仰から描かれています。タロットを7世紀以上伝えてきたのは、間違いなく賢者と預言者であり、彼らは古代人の占星術、数秘学、カバラの教義に精通していました。そして、このような学問の影響は全てカードに反映しています。それでも、タロットは、独自の予知能力と霊的な内容を伴って、個性的で独特の原理として残っているのです。

多くの人たちは、性格分析、未来予知、目前の難問の解決に興味があります。この全てをタロットに求める事は可能です。しかし、瞑想でのタロットの働きに重きを置く人もいます。形而上学の学生は、カードの秘められた意味に対する素晴らしい洞察力を得ます。イメージや象徴に関心を持ち続ける芸術家は、カードの多次元的な美を鑑賞する事で、卓越した創造物を創り出します。聖書学の学生は、タロットが旧約・新約聖書の多くの語句を解明しているのを見出します。そして、タロットは、古代の哲学者の知恵を解く鍵であるため、ひたむきな学者や実践家に意味深いメッセージを啓示するのです（この点では、中国語の表意文字や、エジプト人のヒエログリフ、マヤの絵文字と似てなくもありません）。

しかし、一目で、（いや二回見たぐらいで）、タロットカードの隠された秘儀を全て理解しようとする必要はありません。学習者に準備ができた時、タロットはその謎を解き始めるのです。また、成果を出させるために、無理に「カードを信じる事」も必要ありません。つまり、盲信してカードを手にするべきではないのです。ゆくゆく皆さんは、タロットのオカルト的な力を引き出し、窮地に陥った時に、カードに救いを求める事になるでしょう。

もし、あなたが経験のある「読み手」に、助けを求めて相談したら、答えてほしい暗黙の質問がある「質問者」と呼ばれる者になります。この本に記述された幾つかの方法の1つに従って、カードを並べた後、読み手はカードがあなたに言おうとしている事を解釈します。けれども、あなた自身でも用語集にある象徴の説明や、本体にある各カードの詳しい解説や絵から学ぶ事は可能です。そして、カードの並べ方をどれかマスターすれば、まもなくカードを読む事ができるようになります。もちろん最初は、何度も説明に戻らなければなりませんが、忍耐を持ってすれば報いられるでしょう。

ごく初期のタロットカードは、羊皮紙や象牙色、銀色さらに金色の薄い紙に描かれていました。それぞれのカードの絵柄はその都度描かれ、手で色をつけられたに違いありません。その結果、カードは貴族の遊戯となりました。彼らには、芸術家を雇って、自分たち独自のセットを描かせる余裕があったのです。多くの場合、貴族は、自分の家族や邸宅に似せて、コートカードを描かせました。

やがて、手作りの厚紙のカードができるようになり、デザインは、水彩絵の具で線を引かれ、色付けされるようになりました。後に、ニューレンベルグで（1430年頃）、手彫りの木版から木版印刷がされるようになりました。このように、初期のカードには、デザインが粗けずりで、絵の内容がほとんど不鮮明な物もあったのです。

タロットデッキのコストを下げるためか、大アルカナがタロッコゲームに使われなかったためか、パックから大アルカナの21枚のカードが4枚のクイーンと同じように無くなりました。後日、クイーンは、幾つかのデッキに堂々と復帰したのですが、代わりにナイトの方が除かれました。後者の形のデッキは、今日までスペインやイタリアのタロッコゲームに使われています。南ドイツ由来のカードは、少々違う形で発達しました。ペンタクルの代わりに鈴、ソードの代わりにどんぐり、ワンドの代わりに葉、カップの代わりにハートと言った具合です。

この本で描かれているカードは、タロットの長い歴史の間に現れた多くのカードの1つに過ぎません。それらは、エドワード・アーサー・ウェイトが「The Pictorial Key to the Tarot（邦題：新タロット図解、1910年）」

で用い、英語圏の大半で最もスタンダードになったものです。最初にウィリアム・ライダー＆サン社が出版したので、ライダーパックと呼ばれています。

人々から「タロットって何？」と聞かれても、このテキストを読み、不思議な美しい絵を勉強した後でしたら、あなたは充分な答を知っているに違いありません。この叡智と導きの探求に乗り出している人々は、タロットに助けられながら、その探求が胸躍る有益な旅であると思うでしょう。タロットとは、極めて貴重な古代文明からの遺産なのです。

2

タロットの歴史

真のタロットは、象徴主義です。それは、人間の集合意識から立ち上ぼる言語を話します。象徴の秘められた意味を理解すれば、カードは、高次元のレベルで、不思議な力と奥義の知恵をもたらします。タロットについては、様々な理論や、多くの異なったカードのバージョンがありますが、そのどれもが、最終的な真理を主張する事はできません。けれども、そのどれでもが、何らかの解明に役立つ可能性があるのです。

類似しているものとして、何世紀にもわたって作られた何百というビーナスの絵画や彫刻を考えてみてください。女神は、芸術家独自の概念や彼が生きている時代に従って、数多くの違った姿で現れます。しかし、表現は見覚えのある特徴を保っています。例え、デッサン、彩色、彫刻の着想だけでなく、様式や方法が常に変わっているとしてもです。

それがタロットにも当てはまるのです。オカルト主義者、歴史学者、芸術家たちは、新しい研究が新しい証拠を提出する度に、内容を変えてきました。しかし、これらの変化の中で最良のものは、基本的な象徴主義を残しているのです。

タロットの起源は、あまりにも濃い時の霧の中に埋もれているので、タロット——特に大アルカナ——の周辺に、神話や伝説ばかりが育つのも当然です。迷信、飛躍した想像力、推測がタロット伝承の豊かで多彩なタペスリーに、独自のパターンを付け加え、タロットの魔力と神秘のオーラをひたすら深めているのです。そして、ある歴史的な理論の元にカルトが育ち、時折その（カルトの）信奉者たちが熱狂的に、それこそが「真実」であると宣言してきました。しかし、もっと知識のある研究者は、かなりの柔軟性——懐疑心とでも言えましょうか——を持ち、厳しい決め付けをしていません。

ジプシーたちは、タロットの隠された知識が、元々ジプシーの人たちによって、カルデアやエジプトからイスラエルを通り、ギリシャへ持ち込まれたと言っています。フランスの卓越したオカルト主義者、「パピュス（ジェラール・アンコース博士)」は、次のように言ったとされています。「ジプシーたちは……私たちに、時代時代の全ての象徴主義を説明する事のできる鍵をくれた……。一般的な者が、曖昧な伝統への鍵だけしか見出さないその中に、神、宇宙と人間を一体にする不思議な関係が見つかるのだ」

タロットと世界中を放浪しているジプシーたちの間に、何らかの関連がある事に、議論の余地は無いようです。実際、ジプシーは、タロットカードが地中海沿岸の周辺で使われ始めたとほぼ同時期に、ヨーロッパを歩き回っていました。タロットは、オーストリアでは12世紀、ルーマニアでは14世紀に伝えられました（面白い事に、ハンガリア人のジプシーたちにとって、カード一式の呼び名は、「タール」と言います)。

伝説によれば、異教徒のカルトがキリスト教の犠牲者となったので、法王（エレウシスの儀式の祭司）は、彼らの先祖の知恵をジプシーたちに渡し、ふさわしい者だけに伝えるように任せたという事です。放浪しているジプシーが、これほど貴重な宝の保護者だったのだろうかと疑う人にとっては、これはどうでしょうか？　ジプシーはさらに、グノーシス主義、モンタノス主義、マニ教、そしてアルビ派の秘儀をゆだねられたとも言われています。アルビ派は、カタリ派のセクトの1つで、本部はアルビの町にあります。アルビ派は12世紀に栄えましたが、十字軍と宗教裁判によって13世紀に絶滅しました。アルビ派は、二元論を信じ、結婚を放棄し、動物の肉を食べませんでした。また、ジプシーたちは、後にユダヤのカバラに組み入れられた奥義とフリーメーソン団の秘儀も守ったと主張しています。

最も魅力的な物語の1つに次のようなものがあります。エジプトに生まれたタロットは、アレキサンドリアの大図書館が破壊された後、フェスの都市（現在はモロッコにあります）が世界の知性の首都となり、そこにあちこちから賢者たちが旅してきた事と関係しているというのです。彼らは色々な母語で話していたので、共通の言語を創り出す事が必要となり、コミュニケーションの方法を発明し始めました。そのために、彼らは、不思議な象徴に満ちた絵本を作成しました。これらの記号の意味を解く鍵は、伝授者から伝授者へと口伝えされました。このメッセージの秘密性を保つために、象徴は、後に一見何の変哲も無いカードに再生され、その本当の意味を解読しそうにない、至ってつまらない男たちの間で賭けのために使われていたのです。

他の仮説は、タロットの発明をオシリスの顧問、トートによるものとしています。トートは、エジプトの神たちの代書人で、時間の測定者、数字の発明者、また知恵と魔術の神でもあり、トキの頭を持っているようによく描かれています。また、22 枚の大アルカナカードの解釈が、ある時代には、エジプトの聖職者による伝授儀式の一部分を成していたとも伝えられています。確かな事が 1 つあります。つまり、多くのタロットの象徴は、明らかにエジプト神話に由来しているのです。

カードの研究は、さらに古代ヘブライにあったカバラの教義との密接な関係を明らかにしています。手短かに言えば、実際にタロットを発明した人が、古代の宗教や哲学を知っており、それらの多くの象徴をカードに取り入れた事に疑いは無いという事なのです。しかし、南仏やスペイン、イタリアのジプシーたちがタロットを占いの商売道具として使っていた時代、各宗教と哲学との深い関係は失われていたか、故意に隠されていたと思われます。

上記の影響（ヘブライ文字や色彩象徴学、数秘学、占星術の影響もですが）を認めながら、私たちのできる真の主張は、タロットが人間の経験の象徴的な記録だという事です。深く根付いた不思議な力を使って、カードは、心理の洞察、賢い助言、正確な未来予知の奇跡を起こします。

タロットカードが作られた最も初期の日付は、ヨーロッパの美術館で見られる1390年ですが、実際のカードの起源は、12世紀にまで遡ると言われています。ヴェネツィアのコッレール美術館には、1445年あたりの日付のカードが幾つかあります。いわゆるミンキアーテセットと呼ばれるものは、ほぼ同時代のもので、ミラノの私蔵品と思われます。

14世紀に、占星術師でカバラ学者のジャック・グランゴヌールが、フランスのシャルル六世を楽しませるために、トランプカードを発明したと言われています。そこに完全なタロットデッキがあったかどうかは判りませんが、そのトランプカードは、グランゴヌールが何年もの間、学んでいた占星術とカバラの象徴を伴ったデッキの一部分だったのではないかと考えられています。

英国で、タロットカードは、エドワード四世の治世（14世紀）に知られました。王はカードの輸入を禁止しました。それにもかかわらず、タロットは、ジプシーの隊商から貴族の家庭へ入っていきました。貴族の家庭では、強奪を恐れてタロットを隠し続けました。フランス革命の後、新しい自由がヨーロッパになだれ込んできました。秘儀を守る一派や秘密結社が再び栄えたのです。

18世紀に、著名なフランスの学者、クール・ド・ジェブランは、タロットのエジプト起源説を初めて唱え、多数の著作のために研究を重ねる傍ら、タロットを世に紹介しました。彼の再発見は、薔薇十字会の神秘思想やフリーメーソン団の主義、カバラや占星術に人々が興味を持った時代になされました。思潮は好意的で、タロットとその神秘主義は、当時のオカルト思想へ再び近づいていきました。「マルセイユ版デッキ」は、今日、原典として使われているカードですが、1773年に出版されたジェブランの本、「Le Monde Primitif（邦題：原初世界）」に描かれている物に由来しています。

10年後、エッティラという流行の占い師が、タロットの絵をクール・

ド・ジェブラン版の原型に戻そうと企てました。彼は、その試みの最中、絵に非常に型破りな修正を加えましたが、後に専門家たちに廃棄されました。しかし、エッティラは、初めてタロットと占星術、そしてカバラとの関連を指摘したのです。

しばらくして、1854年にエリファス・レヴィの「Dogma and Ritual of Transcendental Magic（邦題：高等魔術の教理と祭儀）」が出版されると、タロットへの興味が復活しました。この本は、レヴィのオカルト本シリーズの最初に書かれたものですが、タロットを彼の主要な情報源と名付けています。彼は、タロットの22枚の大アルカナカードと、ヘブライ文字の22のアルファベットとの関係をつきとめました。本の中で、レヴィは、0番の愚者を20番と21番の間に置いています。そして、以後、この順序は、フランスのオカルト主義者に継承されています。

ゴールデン・ドーンのヘルメス団は、オカルトの古い秘伝書の発見と解読の結果、1886年、英国に設立されました。団メンバーの関心の1つは、愚者をパックの中で適切な位置に置く事のようでした。ゴールデン・ドーンのリーダー、S.L.マクレガー・メイザーズは、「The Kabalah Unveiled（邦題：ヴェールを脱いだカバラ）」の著者であり、後に小冊子「Tarot, Its Occult Signification, Use in Fortune-Telling, and Method of Play, Etc.」を著しました。これは、入手可能です。

1889年に「パピュス（ジェラール・アンコース博士）」が、同時代のオズワルド・ウィルトのデザインを変えて使い、レヴィの解説を付して、「The Tarot of the Bohemians（邦題：ボヘミアンのタロット）」を出版しました。アーサー・エドワード・ウェイトは、パピュスの本の序を書きました。1900年頃、本は英国で再版されました。この本も現在手に入ります。

何世紀もの間に現れたありとあらゆる古いカードの中には、最大140枚の物もありますが、オカルト主義者の間では、マルセイユ版タロットとして知られている物が、最も純粋な原典であると認識されています。マルセイユ版には、きっちり22枚の大アルカナがあり、デザインは時代を超えてもほとんど変更されず、歪められていません。

ゴールデン・ドーンのもう一人のメンバー、英国のオカルト主義者、アーサー・エドワード・ウェイトは、「The Pictorial Key to the Tarot（邦題：新タロット図解）」を1910年に刊行しました。彼の指示により、新しいカード（この本に使われているパック）が、カードの象徴主義に対するウェイト独自の概念に従って、著名な英国人アーティスト、パメラ・コールマン・スミスにより描かれました。これがライダーパックと呼ばれている物です。ウェイトは、時が立つにつれて失われたり、変えられたりしていた元来の象徴の意味を、大部分において復活させる事ができました。ローマ教会の追求を逃れるため、また、司祭たちが自分たちのためにタロットの真理を盗用しないように、場合によって象徴は故意に変えられたとする者もいます。

米国人のポール・フォスター・ケースは、「A Tarot, A Key to the Wisdom of the Ages（TAROT—世紀の知恵の鍵）」という素晴らしい本を出版しました。彼は、ゴールデン・ドーンの最終メンバーの一人で、メンバーの記録やノートに接していました。ケースは、大アルカナのみ紹介し、ライダーパックの変形版を使っています。私の認識では、この変形版は、ゴールデン・ドーンの未発表の物に似ています。

新進の英国人作家、ガレス・ナイトは、2巻にわたる彼の著書「Practical Guide to Qabalistic Symbolism（カバラのシンボリズム）（1965）」にタロットに対する驚くべき理解を披露しています。

愚者の正確な位置は、昔も今も、常に多くの議論を巻き起こしています。この件について、英国の本は、カードの意味にヘブライ文字の意味をできるだけ沿わせるため、様々な位置を試してきました（この問題は、タロットとカバラの章で、もっと本格的に論じる事になるでしょう）。

アレイスター・クロウリーは、論争好きな英国人批評家であり、黒魔術の信奉者でしたが、ゴールデン・ドーン団の一員となり、イスラエル・リガルディもまたメンバーとなって、クロウリーの秘書を何年か勤めました。両者は、愚者が大アルカナの1番の前に置かれるべきだと思いました。なぜなら、ゼロは1より前にあるからです。クロウリーは、著書「The book of Thoth（邦題：トートの書）（1944）」で、これが明らかに正しい位置で、いかなる数学者も賛同するだろうと語っています。

同時代に生きる他の多くの学者、作家、心理学者たちは、タロットの研究に興味を持ったり、触発されたりしています。精神分析学者たちは、象徴と人間の心理の無意識的な行動との関連について観察しました。タロットを認めた者の中には、「THE WASTE LAND（邦題：荒地）」のT.S.エリオット、「GREATER TRUMPS（大アルカナ）」のチャールズ・ウィリアム、「NIGHTMARE ALLEY（邦題：悪夢の裏道）」のウィリアム・リンゼイ・グレシャムや「A NEW MODEL OF THE UNIVERSE（邦題：宇宙の新しいモデル）」のP.D.ウスペンスキーがいます。著名なアイルランド人の詩人、A.E.（ジョージ・ウィリアム・ラッセル）は、ゴールデン・ドーン団に所属しており、詩人のW.B.イェーツも、タロットのオカルトの伝統を扱う秘密の階級の一員でした（訳注1）。有名な精神分析学者C.G.ユングの後継者たちは、タロットカードの象徴が、集合無意識の元型に関連していると考えています。アルバート・パイクの「MORALS AND THE DOGMA OF THE SCOTTISH RITES」では、タロットカードの参考文献を作っています。ニューソート（新思想）の創設者であり、心の科学を最も確信し擁護している者の一人、トーマス・トロワードは、この「人類に知られた最古の本」について真摯に考察をしました。

このように、タロットの起源の正確な時間と場所がはっきりと決められなくとも、また、タロットが何世紀もの間に多くの変容を重ねていても（未だに伝説と神話が増殖しています）、穏やかに生き残り、時に捉えにくいながらも霊感を与え、「多くの人々が哲学で夢見るものよりさまざまな事が天地にはあるのだ」（訳注 2）という真実の生きた証になっているのです。

3
大アルカナ

大アルカナは、22枚のカードから構成されていて、0番の愚者から21番の世界まであります。そのイラストは象徴的で神秘的な人物や動物、自然現象や物体に満ちています。カードの名前は不思議で謎めいて思わせぶりです。例えば、運命の輪、法王、吊るされた男といった具合です。そして、大アルカナは小アルカナと違って、現代のトランプカードとは何の関係もありません。

大アルカナは、恐らく、ギリシャの神、ヘルメス・トリスメギストスと関連していると思われます。ヘルメス・トリスメギストスは、エジプトのトートと同一だとされており、精神世界と人間との関係について多くの書物を書いたと考えられています。ヘルメス・トリスメギストスの思想は、カバラや錬金術、魔術や占星術の中に再現されており、象徴に込められている考えは、言葉にするにはあまりにも繊細で捉えがたい、形而上学的で神秘的な概念を表す一種の私的な言語と見なされています。

象徴の鍵は、物体の鍵のように、錠前にぴったり合って、ドアを開けるように求められています。しかし、カバラやタロットのようなシステムは、簡単には、あるいはすぐにはドアを開けません。私たちは、1つ以上の錠前に合う鍵と、1つ以上の鍵を受ける錠前を見出します。22枚の大アルカナ（キー）と生命の木の22本の小径、ヘブライ語の22のアルファベット、そして占星術のサインを対応させると、はっきりと限定できない複雑で微細な関係が引き出されます。ここには、「最終的な権威」が無いという事です。生命の流れに属している全てのものは、動いたり変わったりしますが、タロットもこの範疇に入るのです。

次のように考えると判りやすいかもしれません。タロットは、大きな車輪の輻《や》のような物で、私たちは各々、現世の間、その上に乗って旅をし、物質的にも精神的にも浮き沈みを経験するのです。占い師がカードを並べた時、その体験がカードに反映します。カードの位置、隣のカードとの関係、組み合わせは、全て意味があるのです。愚者は、地表に姿を現す前の生命力を表していますが、車輪の中心から、21 段階の経験を経て外の縁へと動き、自分がやってきた中心へと戻るのです。

このように、カードのデザインは、人間の生活、喜びや悲しみ、希望や恐れに光をあてています。大アルカナは、それぞれ明確な自然の原則、法、力あるいは要素を表しています。これらは、全人類、全地域、全時代に共通した象徴とイメージの倉庫、すなわち、「集合無意識」と呼ばれているものによって描かれているのです。象徴やイメージは、私たちの夢や、詩人のほとばしる想像力、アーティストの霊感に満ちた作品、また聖人や予言者の幻視に現れます。絵での思索というものは、人類の普遍的な遺産なのです。

これら絵の象徴の多くは、この本の最後にある象徴の用語集で定義されています。小アルカナと大アルカナの意味をつかんだら、読み手は、カードの並べ方の実例や読み方から得られる追加情報や用語集によって、タロットの秘密の叡智を理解する道へ、上手に導かれるに違いありません。個人的な経験は、普遍的な経験に照らされているかのように、深い意味をもたらすでしょう。また、他の形而上学分野である、占星術、数秘学、宗教科学の基本的な真実も、明らかにされるでしょう。

何度もタロットカードを読んでいると、カードの振り分けを支配している何らかの力が存在すると確信せざるを得なくなります。自然法則外の力（現在、米国の大学では「念力作用」として研究されています）が、カードをシャッフルし、カットし、並べる人の無意識の動きに影響しているのです。そして、カードは、リーディングの対象者に必ず関係のある位置に置かれるようです。

0 番の愚者について、一言述べたいと思います。実は、このカードは、幾分孤立しており、大アルカナの最初のカードであるという具体的な証拠はありません。これは、21番の前でもあり、後ろでもあり、全ての集約でもあるのです。

大アルカナ

THE MAJOR ARCANA

0番　愚者

解説：ここに、崖の縁へ歩みを進めている若者がいる。彼は、姿を現す前の生命力を象徴している。従って、彼は、全く分別の無い未熟さを表している。若者は、未知の方向である北西を向いている。背後の太陽はまだ上昇中だ。なぜなら、精神的な太陽は決して頂点に達しないからである。もし、頂点に到達したのなら、太陽はそこから降下し、力を減少させるだろう。若者の肩にある棒は、意志の象徴である。棒には、袋が結び付けてあるが、この袋は、普遍的な記憶と本能を実行すると考えられている（袋には、愚者が使用法を習わなければならない4つの魔術の象徴が入っているという解釈も可能である）。

袋にある鷲《わし》は、男性的な強さを表し、十二宮の蠍座とも関係している。若者は、白いバラも持っているが、それは、彼が野蛮な欲望からまだ自由である事を示している。若者の踵にいる白い小犬には、多くの意味が考えられる。例えば、犬は狼から進化してきたが、それは、人間との交流によって、生命の低次元な形が高められ、進歩した事を意味している。またさらに、犬は、自然が喜んで人間の跡を追っている事を示している。幾つかのカードに出てくる雪山は、全ての地上の現象を支配している数学の冷たく、抽象的な原理を表している。

愚者は、生命の周期へ進もうとしているところだ。その周期を経て、それぞれの魂は旅をしなければならないのだが、各段階は、ブンヤンの「Pilgrims's Progress（邦題：天路歴程）」に大変写実的に描かれている。若者を、世に出るにつれて、自己表現の未知の可能性に直面している精霊、何も知らない赤ん坊と見なそう。彼は、精神的な高みに立ち、今にも顕現へと歩み降りようとしている。

全ての人間は、先へと旅をし、善と悪の間で選択をしなければならない。もし、哲学が無ければ、彼は“愚者”である。

正位置：リーディングの対象者は、夢想家であり、神秘家である。彼は、大きな目的を達成する事を欲している。正しい選択をするには注意を払わなければならない。もし彼が、「知らない事は幸せなのだから、賢くなるのは馬鹿げている」と思うなら、真の愚者である。

逆位置：愚行、無分別、思慮の足りない行動。選択は、誤りとなりそうだ。

1番　魔術師

解説：魔術師が、机の前に立っている。机には、小アルカナを表し、火、水、風、地を意味するワンド、カップ、ソード、ペンタクルが置いてある。彼は上方から力を引き出し、自分の欲望を物質化するところだ。彼の頭上には、数字の8を横にしたような宇宙的レミニスケートがある。これは永遠の生命と主権の象徴であり、意識と無意識、思考と感情、欲望と情動の調和の取れた相互作用を示している。

魔術師の腰のあたりに、永遠性の象徴として知られている蛇がその尾を飲み込んでいる。頭のあたりには、赤バラの木と花があり、欲望を表している。彼の前には、抽象的な思惟の白百合と絡み合う多くの赤バラがある。彼の中着は、純粋な白である。一方、外衣は、欲望、行動性、情熱を表す赤である。

魔法の棒を持っている手は、自意識であるが、力を求めて伸びており、もう片方の手は地面を指している。魔術師は、地の力が自分を補ってくれるのを望んでいるかのようである。あるいは、次のように言えるかもしれない。彼は、一方の手を上に伸ばして、高次元な領域で事を成すために無限の手を獲得しようとしており、他方の手を下に向けて、低次元の分野での革新を促そうとしている。つまり、永遠に精神と物質を結び付けようとしているのである。

魔術師は、神と結び付いた人間の意志であり、目覚めている自己意識を通じて望んだ事を顕現する知識と力を得ている。

正位置：意志、熟練、組織する能力、創造する才能。上方から得た力を、欲望を使って形にする能力。

逆位置：優柔不断、意志の弱さ、愚かさ。破滅的な目的のために力を使う事。

2番　女教皇

解説：女教皇は、ソロモンの寺院にある二本柱の間に座っている。黒い柱のボアズは、否定的な生命力を表しており、白い柱のヤヒンは、肯定的な生命力を表している。

トーマス・トロワードは、著書「Hidden Power（隠れた力）」の中で、寺院の前の二本柱について次のように語っている。「柱は、聖書全体、自然の全秩序についての鍵を含んでいる。そして、宇宙の基本である二大原理の表象として、全ての存在の謎を象徴するようにデザインされた寺院、その入口にぴったりと立っている……」

女教皇は、膝の上で、トーラ（律法）という言葉が記された深遠な知恵の巻物を守っている。それは、誰もが見るわけにはいかないからである。彼女の胸にある、等軸の太陽の十字架は、プラスとマイナスの力のバランスを表している（縦軸が肯定的で男性的な要素。横軸が否定的で女性的な要素）。柱の間の幕は、ザクロ（女性）とシュロ（男性）で飾られている。これらは、潜在意識には他の潜在意識を生み出す能力がある事を示す象徴である。彼女のガウンの端は、足元の三日月とバランスを取っているが、絵の外にはみ出しており、意識の流れを示している。この意識の流れは、3番の女帝の背景に流れ込み、後の幾つかのカードに再び現れる。

この女教皇は、月の処女で、頭には、両脇に月の満ち欠けの形を伴った満月の象徴を載せている。彼女は永遠の女性であり、イシスあるいはアルテミスと呼ばれる。また、古代世界の全ての処女神に相当しており、アダムと結び付く前のイブとも同一視されている。彼女は精神的な啓発であり、内的な啓蒙である。愚者と魔術師は、創造するための可能性、意志だけを表したが、女教皇は、顕現するための潜在的な力を持っている。彼女は、可視と不可視の掛け橋である。

正位置：明らかでない未来、仕事での隠れた影響。アーティスト、詩人、作曲家、神秘家にとって特別な価値を持つもの。このカードが男性のリーディングに出てきた場合、全ての男性が夢見る完全な女性を表す。女性のリーディングに出てきた場合は、彼女自身か友人に、このような美徳を見出すという事を意味している。

逆位置：うぬぼれ、官能的な楽しみ、表面的な知識を受け入れる事。

3番　女帝

解説：女帝は地母神であり、ここでは実り多き庭に座っている。彼女の前には、エジプトの女神イシスに捧げられた、熟した小麦畑が広がっている。また背後では、ビーナスに捧げられたイトスギの木々の間から漂う、意識の流れが見られる。ハートの形をした盾には、ビーナスの象徴が記されている。女帝の髪には、またもやビーナスを暗示するギンバイカの花輪が結ばれている。首を取り巻く7つの真珠もビーナスを思わせる。彼女は、12個の六芒星がついた王冠を被っている。王冠は、先に地球がついた笏《しゃく》と同様、大宇宙の支配権を意味している。

女教皇が宇宙の潜在意識の未開な状態を象徴しているのに対し、女帝は、潜在意識が核になる考えを自意識から得た後に生じる、生産的で生成的な活動を表している。潜在意識は、物質世界での全ての成長段階を統制する。従って、女帝は、イメージの増殖者を表している。

彼女は、愛の女神、ビーナスであり、普遍的な繁栄の象徴である。女教皇はベールを被ったイシスであり、女帝はベールを脱いだイシスである。

正位置：物質的な豊かさ、結婚、親である事を自負したり、農夫や創造的な芸術を志望する人々の産出力。他のカードに関してあまり良くない出方をすれば、浪費、贅沢を表す事もある。

逆位置：不妊、物質的な所有物の喪失、不活発、資金を無駄に費やす事。戦争や飢餓による破滅の可能性。貧困で家庭が崩壊しそうだ。精神上の問題が、不安定さを引き起こす。

III
THE EMPRESS.

4番　皇帝

解説：皇帝は威風堂々と玉座に座っている。彼は太陽と関わりの深い人物で、玉座を飾り、左の肩に現れる羊の頭（火星の印）で判るように、性格は火星的である。右手（能動的で男性的な面）に、彼はエジプト十字（アンサタ十字、生命の十字とも呼ばれる）を持っている。十字も、ビーナスの象徴の1つである。皇帝の左手（受動的で女性的な面）には、支配の地球儀があり、女性的な愛の力を通してのみ、彼が精神と物質のバランスを取り、統治する真の力を持てるという事を示している。皇帝は、禿山を背に座っている。

彼の番号は4番だが、これは安定しているもの全てを指している。例えば、四角形、底の広いもの、法律や秩序を作るための基礎などである。数秘学でも4という数字は、同じような意味がある。4は、風、地、火、水という元素の数である。また、1年には四季、コンパスには4点、エデンの園には、4つの川がある。そして、神の聖なる名前、エホバを表すIHVHは4文字である。

要約すると、1番の魔術師は、生命の能動的な原理である。2番の女教皇は、受動的な原理である。そして、3番の女帝は、「肉となった言《ことば》で、わたくしたちの間に宿った」のである（訳注3)。皇帝は活性化した父性の力であり、彼の特性をもたらす活性化した母性の力と対比される。彼は、女教皇と結び付いた後の魔術師である。女教皇は、女帝に変化し、彼を自分の子孫の父親にした。

皇帝は、物質界の支配、権威、父権、そして、法による生活の規制を意味する。

注意して頂きたいが、肉体は精神の敵ではなく、その媒体である。また、精神は肉体の敵ではなく、その推進力である。

正位置：リーダーシップ、精神活動、統治。戦争を始める権力、権威、父権。苦労が実る事、行動の結果。コントロールされ、管理された性的衝動。

逆位置：コントロールを失う事。戦いによる重傷。感情の未熟さと両親への服従。遺産をだまし取られる可能性。

5番　法王

解説：再び（訳注 4）二本柱の間に座っている人物が現れ、女教皇の後ろの柱に見られた二重性のテーマが繰り返されている。これらは、カバラに由来する生命の木の柱であり、1本が慈悲、もう1本が峻厳を表している。右側の柱が法であり、左側の柱が従っても従わなくてもいい自由であるとも言えるかもしれず、そのどちらも必要である。というのは、強制された従順では、決して自由をもたらす事はできないからである。人間は選ばなければならないのだ。柱の頭は、性的結合の不思議な象徴で飾られている。法王の足元の交差した鍵は、1つが金で、もう1つが銀で、それぞれ太陽と月のエネルギーの流れである。彼の前にひざまずいている二人の剃髪の神父たちは、パリウム（訳注 5）をつけており、（宗教）団体への隷属を象徴している。一人の衣服は思惟の白い百合が飾られ、もう一人の衣服は、欲望の赤いバラが彩っている。

この宗教の秘儀の長は、法王の三重の冠を被っている。下方の冠の3つ葉模様は、低次元の物質世界を表し、真中の冠は形成中の世界、上層の冠は創造的な世界を示している。3という象徴は、彼の杖で繰り返され、精神、魂、肉体の領域を明らかにしている。冠の最上部にあるWという文字は、爪という意味のヘブライ文字ヴァヴで、結合や接続を意味する。これは、内なる声を通した人間と神のつながりをほのめかすために使われている。

5という数字が持つ意味の中には、水星、知性の支配者という意味がある。5は人間と人間性の番号でもある。

法王は、大衆に合うように考えられた伝統的で、オーソドックスな教えを意味している。彼は、外界の宗教の力を支配している。これに対して、女教皇は、秘密裏に入門者のみに教えを説いている。

正位置：宗教の対外的な表現形式への好み、儀式、信条、式典。社会的認知の大切さ。社会の（慣習や規則などの）遵守の必要性。

逆位置：新しい思想への開放、型破り、発明者のカードでもあり、ヒッピーのカードでもある。迷信深くならないように注意する事。

6番　恋人たち

解説：ここにいるのは、風の天使ラファエルで、下方の2人の人物に宇宙の祝福を注ぐ超意識を擬人化したものである。この絵の男性は、前のカード、魔術師と皇帝、そして7番の戦車の上に立っている王の顕在意識を表している。女性は、潜在意識で、女教皇であり女帝である。彼女の背後には善悪を知る木があり、五感の実をつけている。官能の蛇は木を上っている。なぜなら、誘惑は潜在意識から現れて来るからだ。男性の後ろには葉の無い木があり、3つのデーカンに分かれた十二宮の3つ葉模様の炎をつけている。

このカードは、象徴主義において、深く形而上的である。男性が女性を見、女性が天使を見上げている事で示される真実は、顕在意識が潜在意識——瞑想中の考える思惟——を通じなければ、超意識に近づけないという事である。恋人たちは、友好的な調和の内に立っており、人物たちの裸体が示すように、お互いに隠すものは何も無い。調和し、成功する人生は、顕在意識と潜在意識の協力によるのである。

カードの中の山は、正しい思惟の成果を意味している。

6番のカードは、よく2人の女性の間に立つ1人の男性で象徴されている。彼らの上には、弓矢を持ったキューピッドがいる。占い上での意味は、このやや古い象徴主義にあやかっている。

正位置：選択、誘惑、魅力、神聖なる愛と世俗的な愛との戦い。生活の内面と外面の調和。

逆位置：喧嘩、不義、結婚が破綻する危険、感情を抑える必要性。間違った選択の可能性。

VI
THE LOVERS.

7番　戦車

解説：このカードは、あらゆる局面、特に精神、科学、成長の局面を制覇し意気揚々としている王の勝利を意味している。彼は主権を表す八茫星のついた王冠を被っている。戦車は、自己表現の媒体となる人格を表している。前方の象徴は、プラスとマイナスの力の結合を示すヒンディー語のサインの上に乗った霊感の翼である。2頭のスフィンクスはまたもや（訳注4)、生命の木の外側の柱である。この場合、霊性ではなく、本性に関係していると言えよう。御者の意志がスフィンクスたちを制御できなければ、彼らは様々な方向へ戦車を引いてしまうだろう。王の手には、意志の杖があり、それによってスフィンクスたちを制御しなければならない。彼の頭上の、星が散りばめられた天蓋は、天上の影響が彼を苦しめ、彼の勝利を左右している事を示している。彼の両肩には、三日月がある。

彼の観察力が不完全だったり、表面的であったり、恐る恐るの場合、次々と出てくる潜在意識の反応は破壊的になるはずである。

7番のカードは、休息と勝利、自己訓練と安定を意味する。征服者は未だ自分自身を征服した事はなかろう。ここには、意志と知識の双方がある。しかし、実際の成功で証明された力より成功しようとする欲望の方が優勢である。

オカルト主義者の中には、タロットの大アルカナカードをそれぞれ7枚の3グループに分ける者もいる。この場合、7という番号は、愚者が外界での勝利を達成し、次の7枚のカードで行われるレッスンを学ぶ用意ができたという事を示している。

正位置：勝利、成功、自然の力に対する制御——すなわち、病気がちな

逆位置：

健康状態や金銭的な困難、自分自身の低俗な動物的衝動などのいかなる種類の敵をも克服する事。これは偉業を成し遂げた者たちのカードである。安楽な旅も示すであろう。精神と肉体の能力は、成就へと導くはずだ。

逆位置：退廃的な欲望、病気がちになる可能性、不安、変化への欲求、道義を無視して得た勝利。

8番　力

解説：花で髪を飾った女性がライオンの口を閉めたり開けたりしている。彼女の頭上には、永遠の生命の宇宙的レミニスケートがある。それは、上方から来る霊的な力によって、彼女が自分を制御している事を表している。

彼女は、レミニスケートから生じる精神的な勇気と力を示しており、ライオンは情欲と人間の低級な本性を意味している。上方の永遠のサインに意識を向けているので、何の障害も無く、何の抵抗の恐れも無い。

彼女の質素な白い衣は、純潔を示している。腰のあたりには、バラの鎖が巻かれている。これは、欲望の結合であり、野性的な無意識の力が屈服するような強さを創り出す。

このカードからは、私たちが、自分たちの霊的な本質と現世的な本質とのバランスを取り、この2つの低い方に力を与える〔平均化する*〕事を学ばなければならないというメッセージが伝えられている。このような相反する力の調和を必要とするレッスンは、タロットでよく言及される。〔* 訳者加筆〕

正位置：性格の強さ、精神的な力が物質的な力に打ち勝つ。憎しみに対する愛の勝利。現世的な欲望に対する高次元な自然。

逆位置：物質の支配、不調和、倫理的な力の不足、自分たちの中にある未知のものへの恐れ、力の濫用。

VIII
STRENGTH.

9番　隠者

解説：雪の積もった山頂に、隠者が一人で立ち、カンテラを持って下の者たちを導いている。このカンテラは、真実の光のランプで、その中にソロモンの印の六芒星が入っている。隠者は、伝授者しか通れない狭い道で使うための長老の杖を手にしている。彼の外套は、思慮深さのマントであり、ある種のデッキでは、俗世間の目から真実を守るかのように、携えたカンテラを外套で隠し気味にしている。

彼には、光を求めている者全てを助けに行く用意がある。彼は、霊的な闇に満ちた長い夜中、高みに居続ける。勇気のある者、実行する者、そして沈黙を守る者のみが、隠者のランプの光を見る事ができる。「汝が叡智に到達したいのならば慎ましくあれ、叡智を習得したのならば、なおさら慎ましくあれ！」「The voice of Silence：(邦題：沈黙の声)」より（訳注6）

9という番号は、純粋な知性の数字である。また、3の3倍であるため、秘儀の伝授の数字でもある。1から9までに全ての番号が集まっており、新しい10のサイクルで再び現れる。六芒星は、ソロモンの印であり、特別な方法で外と中の先端を数えると、9とも考えられる。

全ての魂は、道のどこかの段階にいる。私たちが、途中で彼らを追い越したかもしれない。私たちが、他者の聖なる中心（訳注7）を認めるのを拒んだら、同胞のありのままの姿を見ない事となり、誤った証人となる。

ゴータマ・ブッダは、次のように言った。「真実の正午は、柔らかい葉のためには無い」（訳注8）そして、聖書には、信心深い者の言葉がある。「あなたの御言葉はわが道の光です」（訳注9）

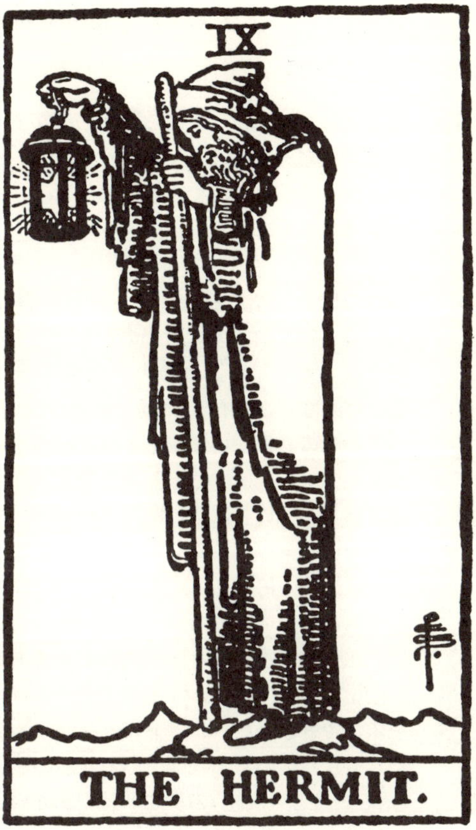

正位置：分別のある事、思慮分別、慎重さ、上方から叡智を得る事。自分の研究分野で専門家からアドバイスを受ける事。質問者と、物質的な、あるいは霊的なゴールへの道を案内する者との出会い。目標の達成。知識を得るためには、旅が必要であろう。

逆位置：知恵の声を聞くのを拒む事。未熟さ、愚かしい悪行。成熟への拒否。永遠のピーターパンになろうとする傾向。

10番　運命の輪

解説：ここには常に回転している運命の輪があり、人間たちとその運命を上下に運んでいる。これがこのカードの通俗的な意味であるが、カードが描くたくさんの象徴は、カードにずっと奥深い微妙な意味を与えている。

輪から降りてくる蛇は、エジプトの悪の神、テュポーン（訳注10）で、彼が取る多くの姿の1つである。テュポーンは、顕現に降りようとしている生命力を表現するのにも使われる。その力は、庭園にいる魔術師（1番）の掌中に下ってくるのと同じものである。輪の右側にいるジャッカルの頭をしたエジプトの神、ヘルメス—アヌビス（訳注11）は、常に上ろうと欲している知性の象徴であり、悪の方は常に闇と崩壊へ下っている。

輪には3つの円がある。そのうち、内側のものは創造する力、真中のものは形成する力、そして外側のものは物質界である。これは、法王の三重の冠と同じ象徴主義である。8つの輻《や》は、17番の八芒星のようである。つまり、それらは、宇宙の放射エネルギーを示しているのだ。このデザインは、0番の愚者の衣装で10回も繰り返されている。四隅にいる4匹の不思議な動物の数字を足すと26となる（訳注12)。これは、エホバ、IHVHの数字である。これらの事は、聖書に記載されている（エゼキエル書1章10節、ヨハネの黙示録4章7節)。さらに、十二宮の不動宮との対応がある。つまり、牡牛座に対する牛、獅子座に対するライオン、蠍座に対する鷲、水瓶座に対する人間もしくは天使である。

輪の上に留まっているスフィンクスは、叡智であり、平衡原則である。つまり安定し、中心にある動きの原則で、私たちが必ずしも偶然や運命に支配されているのではなく、自分たちの人生を変える力がある事を示唆している。

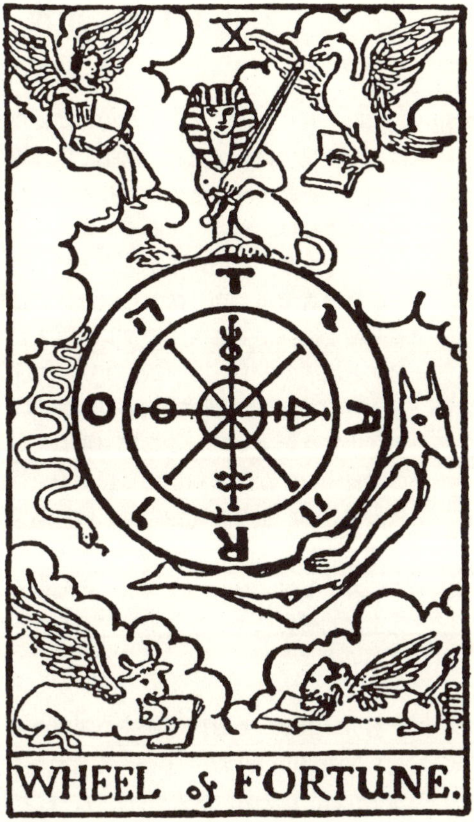

このカードは、流動的な宇宙に係る永久運動と、その中にいる人間の生命の柔軟性を表している。

正位置：成功、予期せぬ幸運の訪れ。いい方向へ変わる運、新しい状況。偶然の法則内で起こる創造的進化。

逆位置：企画の失敗、後戻り。新しい状況は勇気を要する。蒔《ま》いた種を刈り取る事となろう。

１１番　正義

解説：正義は、プラスとマイナスの力の間に座っている。この2つの力は、女教皇で初めて現れ、法王で再登場した柱で表される。彼女の剣は、正義を守るために振り上げられ、何者もそこから逃れる事はできない。剣は上を向き、勝利を示している。そして、それは両刃であり、その動きが築き上げるだけでなく破壊する事、また虚偽は真実から切り捨てられなければならない事を知らせている。彼女の冠にある3つのタレットと、真中にある宝石の4面は足すと数字の7（金星）（訳注13）となる。左手には、金の秤があり、いつも均衡の取れた判断に関わっている。バランスは、8番の力で出てきたように、ここにも現れている。8番と11番は、1つのパワー、すなわち独創的な想像力を行使する際の2つの面を表現している。全ての想像力は記憶に基づいているのだ。

このカードは、グレートマザーのものである。その愛、気遣いと完全な判断力によって、子供である人間たちは、平衡に到達する事ができよう。

このカードで、愚者は高次元の顕現のサイクルへと出発するが、これまでの10枚のカードから得られた全ての経験も伴っている。浄化され、鍛えられた人格は、今、1つの命に気づき、それが側に立っているのを感じる。なぜなら、力の剣が、誤りから真実を分かつ能力を彼に授けるからである。

正位置：正義は示されるだろう。均衡が求められる。訴訟は勝つであろう。公正な人格は、多すぎる荷物、誤った考え、役に立たない教育の形式を排除しようとする。科学、化学、料理での正しい材料の組み合わせは歓迎される。釣り合いの取れた心を目標とした教育を望んでいる事も示すだろう。

逆位置：不正、不公平、法的な混乱。慈悲を用いるようにとのアドバイス、他者を判断する時の理解、厳しくなり過ぎるのを避ける事。

１２番　吊るされた男

解説：若者が生木のＴ十字から片足を吊るされている。彼の腕は、背中で組まれ、頭と共に逆三角形を作っている。足は十字の形になっている。吊るされた男は、ある意味で世俗的なままである。なぜなら、彼の足は、Ｔ十字に縛りつけられているからである。彼は、何とかある程度の完成度に達したが、21番の世界に象徴されるような完全な自由には至っていない。

秘儀を受けた者は、神の責任ある仕事仲間という立場にいる。1番から10番までのサイクルでは、神が我が子の手を取って、あるべき人間の見本を彫刻するよう導いたかのようである。今、鑿《のみ》はこの成熟した若者の両手に残され、彼は与えられた材料で創り出さなければならない。彼は、隠者のように、世界の贖《あがな》いに参加しなければならないのだ。

$\overset{+}{\triangledown}$というサインは、偉大な業を完遂した事のサインである。つまり、人格の克服や、低次元な情欲を純金に変質させる事である。12段階目で、まだ伝授者は逆さまになっている。しかし、最終的には、彼は自分の足で立ち、十字の上に乗らなければならない。すなわち$\underset{+}{\triangle}$となる。

吊るされた男の中で、私たちは、人格というものが宇宙の生命の木に完全に依存している事を知る。また、私たちは、黄道十二宮を通過中の太陽（ヘラクレスの12の功業）の象徴であるヘラクレスとも関わりがある。彼は神と英雄の合体である。そして、彼は、全ての人間が通らなければならない手ほどきの12段階を示している。こうして、十二宮の低次元な力は、各宮の高次元で高揚する力へと変化するのである。

ほとんど隠されているが、このカードには深い意味がある。〔それ

が何か判らなくとも*〕人間は意識的かつ自発的に、今すぐ自分の再生を成し遂げなければならない。〔* 訳者加筆〕

正位置：スピリチュアルな問題での知恵、予言の力。人生での小休止、決定の保留。自己放棄は、人格の変化をもたらす。物質的な誘惑に打ち勝つ。

逆位置：傲慢、自我への没入、スピリチュアルな影響への抵抗。物質的な問題への没頭。役に立たない努力。誤った予言。

１３番　死神

解説：鎧を被った骸骨が、白馬に乗り、倒れている王を踏みつけ、恐ろしさのあまり顔をそむけている子供と女性の方へにじり寄っている。立っている人は、魚のような形の法冠をつけた司教である。これは、（終わろうとしている）魚座の時代を意味している。死神は、火星及び生命力を表す、5つの花弁を持つバラのついた旗を持っている。背景の川は、形になったり、消えたりする生命力の休みない循環を示している。水は、海に流れる折に、太陽に吸い上げられて雲となり、そこから、雨が落ちて流れとなり、川へと戻っていく。東の地平線の太陽は、2つの塔（再び18番で出会う）の間を通り過ぎている時、不死の印となる。

13番の死神の基本的な意味は、宇宙の顕現者という意味である。太陽を真中に、十二宮がその周りを囲んでおり、全部で13個のサインとなっている。王は倒れており、私たちに、王たちが必ず失墜する事を思い起こさせる。そこには絶え間無い変化がある。その一面が死と生である。死神は停滞への抗議である。死によってこそ、社会の変化が良い方向へ向かい、古い考えが屈するのだ。また、新しい世代になると、青年が成熟へと至るに従って、新しい考えが普及するのである。

このカードは、古い概念を新しくし、柔軟性の無い知性のパターンを変えるよう提案している。ちょっとした偏見、野望や意見は段々無くなっていく。個人的な見方から普遍的な視野への変化は、あまりにも急激で、神秘主義者はそれを死と比べるほどである。しかし、死は、生命の双子の兄弟である。創造は、相反するもの、つまり破壊を必要とするのだ。精霊は物質に降り立つので、物質はその源へと戻らなければならない。死は、宇宙変遷の法則の半面である。しかし、霊は不死である。従って、人間も死ぬ事は決してできない。なぜなら、破壊の後には、創造があるか

らだ。

正位置：変換、変化。再生が伴う破壊。変化は意識内にあるだろう。新しい思想の誕生、新しい機会。

逆位置：災害、政治上の大変動、革命、無秩序。政治家の死。一時的な停滞、惰性になりがちな事。

１４番　節制

解説：このカードは、火と太陽に関わる大天使ミカエルを表現している。彼は、生命のエキスを潜在意識の銀杯から、意識の金杯（訳注14）へ、すなわち不可視から可視へ注いだり、戻したりしている。これは、物質への精霊の介入であり、物質の精霊への影響を表している。同様に、現在を通って未来へ行く過去の流れも描いている。

天使の胸にある四角形は、物理的な顕現の堅固な真実を示しており、その中の霊の三角形は上を向いている（この象徴は、タロットという聖なる本のサインでもある）。4足す3は7であるが、7は、神聖な生命の局面、また7つのチャクラ、あるいはヨガの瞑想で使われる身体の中心を表している。注目すべきは、片方の足が地上にあって、もう片方の足が水中にあるのは、大天使が意識と潜在意識の双方に精通しているのを象徴するためだという事である。池の水は、人間の無意識の心と宇宙を示している。池の土手にはアイリスがあり、イリス（英語でアイリス）がギリシャの虹の女神である事を思い出させる。道の先には、習得と到達の栄冠がある。

これは、波動あるいは放射エネルギーのカードであり、経験の調節と緩和のカードだ。4番の皇帝が肉体の基礎であるように、14番は精神の基礎である。4に10の力を加えたのである。このカードで人間は、自分の思考力を習得し、精神的な均衡を得た。宇宙には波動以外何も無く、あらゆる形の波動は、達人によって加減され、管理されるだろう。しかし、私たちは、自分たちだけでは何もできないのである。私たちの守護天使は、到達の道に沿って私たちを導くよう、試験をし、試練を与える。

私たちが、生命力を想像(月)から意識の活動(太陽)へ変える事を学ぶと、意志は進化し、想像は純化して、銀杯から金杯へと注いでも、私たちは何も失わないのである。これこそ愚者が修行の過程で学ばなけ

ればならない、オカルトの進捗に於けるもう1つの段階である。

正位置：適応、調節、調整、自己コントロール、緩和。他者と協調して働く。よい管理。想像していた事がうまく行きそうである。うまく行く組み合わせが得られるだろう。

逆位置：利益の競合、不幸な組み合わせ。喧嘩、堕落、別離。難破あるいは他の災害の可能性。

１５番　悪魔

解説：悪魔は14番の大天使の対極にある。彼の角《つの》は山羊の角であり、彼の顔は山羊の顔である。彼は、蝙蝠《こうもり》の翼をつけ、ロバの耳を持っている。これは、物質主義の執拗さと頑迷さを示している。

彼は、ハーフキューブの上に座っている。ハーフキューブは、現実の可視面、感覚面のみを生半可に知っている事を意味している。悪魔の右手は、黒魔術の合図をするために、掲げられている。法王が祝福のために手を掲げているのと反対である。掌には、制限と不活発の星、土星の象徴がある。

彼は、左手に破壊するための燻《くすぶ》った松明《たいまつ》を持っている。悪意を示す逆五線星形が、額の上に描かれている。ハーフキューブに繋がれているのは、6番の人物に似た二人の裸の者たちである。男性の尻尾は、十二宮の誤用を意味し、女性の尻尾は、葡萄の房のようだが、命のワインの間違った使い方を表している。

人間自身が創り出したもの以外に悪魔はいない。そして、人間が自身の間違った選択のために縛られているのはここで明らかである。しかし、彼らの首の鎖は緩く、望めば取り除けるのである。

正位置：黒魔術、不満、憂鬱、病気。力の誤用。物質への屈従、到底理解できない感覚。

逆位置：スピリチュアルな理解の始まり。物質へのこだわりを取り去る事。臆病、決心ができない事。プライドや利己心の克服。

XV
THE DEVIL.

16番　塔

解説：これは、誤った基礎の元に建った野望の塔である。それは、伝統的な民族の考え方の積み重ねと個人的な意志の誤用から造られている。雷は、太陽から放たれている。そして、物質主義的な思惟の王冠は塔から落ちる。稲妻は、悪いものだけを破壊して、浄化し、良いものを選別する聖なる火でもある。ここに出てくる落下する光の粒あるいは雫は、18番のカードや小アルカナの3つのスートのエースにも現れるが、ヘブライ語の「ヨッド」である。光の粒は、生命力が上方から物質的な存在の状態へと降りる事を示している。この男女は、まばゆい真実がかいま見えたため、物質的な保証を意味する塔から落ちている。

ここで宇宙意識が、物質的な野望を持つ人間の思惟を解体し、無にして、立て直すために、戦っているのが判る。人間が魂を悪魔に売り、オカルトの知識を悪い目的のために使ったなら、破滅が彼の上に振りかかるのである。

16番のカードは、サタンの王国の凋落と関係してきた。塔は、誤解の元に建てられている。「主が家を建てられるのでなければ、建てる者の勤労は空しい」（訳注15）

正位置：変化、闘争、災害。既存の生き方の大変革、古い概念の混乱。崩壊によって結果的に目覚めがもたらされるだろう。利己的な野心は、無になろうとしている。破産。

逆位置：大きな代償を払って身体と心の自由を獲得する事。間違った告発、いわれのない監禁、抑圧。

XVI
THE TOWER.

１７番　星

解説：美しい乙女が、片膝で地面にひざまずき、もう一方の足を水中に置いている。大地は彼女の重さを支えているが、彼女自身が、潜在意識の水の上でバランスを取っている。彼女は、命の水を物質的地球へ注ぎ込む女帝であり、母なる自然である。5つの細い流れは、宇宙意識の池へ入りこむ前の五感を表している。乙女は、もう1つの水差しから、水を直接池へと注いでおり、池の水は瞑想によって波動と混ぜられる。

乙女の背後では、思惟の聖なるトキが木（心）に止まっている。空には、小さい八芒星が7つ、大きい八芒星が1つある。この全ては、宇宙の放射エネルギーを示している。7つの小さい星は、体の7つのチャクラと関連している。

これは、瞑想のカードである。このカードは、瞑想が、乙女に注がれた宇宙エネルギーの個別的な表現（訳注16）を加減し、変化させる事を教えている。ともかく私たちが耳を傾けるなら、真実は静かに私たちの前に自分の姿を現すだろう。女教皇の巻物に象徴される、自然の記憶の記録から、私たちは叡智を得る。そして、瞑想は、8番のカードに描かれているように、人格の獣的な力をコントロールしながら、叡智から特別な力を引き出すのである。

正位置：洞察、霊感、希望。利己的でない助け。健康。精霊の贈り物。大きな愛が与えられ、得られる。

逆位置：悲観主義、疑い、強情、認識不足。肉体的あるいは精神的な病の可能性。

XVII
THE STAR.

18番　月

解説：三相の月が、風景を眺めている。前面の宇宙的な心の要素の池から、ザリガニが現れ、意識の開示の初期段階を象徴している。狼は自然が生み出した荒々しい生物であり、犬は人間との生活に順応した成果物である。背景の道の途中には、人間が敵対する環境から自分を守るために建てた2つの塔がある。人間が月の反射光にいざなわれ、自分の潜在意識の声を聞いたならば、月は険しい道に付き添って、人間が塔を通り過ぎ、最終的な高みまで到達するように導くであろう。またもや落下する雫は、ヨッドであり、上方から物理的な存在に降りてくる生命力を表している。

これは、眠りと夢のカードである。直観を扱う月の三相は、肉体と心と霊に関係している。月母神は、物理的な顕現に至る精霊の誕生を見守っている。18という数字は、1と8から成り、足すと9になる。つまり、2つ目の9となり、二度目の秘儀の伝授を示している。隠者が1つ目の9で最初の秘儀の伝授であった。

愚者はまだ旅の途中である。学んだり、後戻りしたり、また進んだりしている。

正位置：直観、想像、欺瞞。潜在している心霊的な力の開示。予期せぬ危険、隠れた敵。愛している者の不運。

逆位置：想像力は現実的な思考によって利用されるだろう。嵐はしのげるだろう。犠牲の末の平和。何の危険も冒すべきではない。

XVIII
THE MOON.

１９番　太陽

解説：裸の子供が白馬に乗り、高く赤旗を持っている。馬は太陽エネルギーで、今、子供は、鞍《くら》もくつわも無く馬をあしらっている。彼は意識と無意識間の完全なコントロールを表している。彼の赤旗は、太陽光線が行っているように、動きと波動を意味している。従って、月の静かな反射光とは異なる。子供は、コントロールが意識（右手）から潜在意識（左手）に移ったばかりである事を示すために、左手に旗を持っている。私たちがピアノや自転車を習っている最中は、頭の意識的な部分を使うが、できるようになると、コントロールを潜在意識に譲るのとちょうど同じである。熟練したピアニストは、入り組んだ曲を弾きながら、会話を続ける事ができる。また、元気な自転車乗りは叫ぶ。「見てくれ。手を放したよ」

子供の後ろにある壁で囲まれた庭は、人間が培った庭で、子供が立ち去った後のものである。真っ盛りの４本のひまわりが、太陽に向かう代わりに子供の方を向いている。４本のひまわりは４つの元素、風、地、火、水を表している。

子供は、愚者のように、色白で金髪であり、愚者と同様、花輪と赤い羽根をつけている。彼の裸は、もう何も隠すものが無い事を示している。愚者は、ここで、彼の本性の低級な面にスピリチュアルな勝利を収めた。この勝利は、７番の戦車で見せていたような勝利とは全く違うものである。戦車では、単に自分の意志に打ち勝っただけであった。

19という数字は、太陽の番号として神話や伝説と関連している。19に到達した者は、太陽の伝授者となり、太陽が地球に光と熱を与えながら成した事を、内宇宙で人間のために成し遂げる用意ができている。

正位置：物質的な幸福、成功、到達。良い結婚。嬉しい再会。芸術や科学、農業での成果。完成した研究、解放。素朴な生活での喜び。

逆位置：未来の計画は曖昧である、結婚でのトラブル。破られた約束、仕事や家を失う可能性。

２０番　審判

解説：天使ガブリエルが天から現れ、旗を付けたトランペットを吹いている。その７つの音色は、トランペットから出ている７つの線で表されている。このものものしいひと吹きは、人間を地上の限界から解き放つ創造的な言葉である。旗の十字は、力のバランスを示す太陽の象徴である。棺が宇宙的な心の要素の海に漂っている。この海は、女教皇から始まり、多くの形を取ったこれまでの流れと池の最終目的地である。海の向こうにある雪山は、抽象的な思惟の高さである。「時が来ると、（人間の信仰の）墓の中にいる者は皆、人の子の声を聞き、立ち上がる」（訳注17）

これは、霊の影響、すなわち死に含まれる誕生の神秘のもとで、自然が再び目を覚まそうとしているという事である。世界の信仰の墓から立ち上がる男性はこの場合も意識、女性は潜在意識、そして、子供は再生した人格である。霊は人間の内に覆い隠されている。つまり、言《ことば》は肉となって、私たちの間に宿ったのである。（訳注3）〔最後の審判に通ったかのように*〕（必須最終試験などの）試験に通った者は、通常「生まれ変わり」と呼ばれる。〔*訳者加筆〕

20番のカードは、10の完全な2つの周期からできている。それぞれは、9つの経験を含んでいる。しかし、顕現されていない力、0の前に1がある10と違って、ここには2がある。それは、生命力が物質の中に入り、増加した事を示している。

「力は知っている者に属する」ゆえに、知っている者には責任があるのだ。従って、愚者とは、努力と苦しみによって人生の秘密を見出した者なのである。

正位置：上手に生きた人生、うまくいった仕事。覚醒、復活。ある人に有利な法律的判断。万物と混じる寸前の個人の意識内変化。

逆位置：弱さ、幻滅、死への恐怖。幸福を見つけられない事。別離、離婚。世俗的な利益が失われる恐れ。

２１番　世界

解説：ここにいるのは、スカーフしかまとっていない踊り子である。卵型の花輪が彼女の姿を囲んでおり、創造の神秘を象徴している。花輪を取り巻く２本のリボンは、ここでも宇宙的レミニスケートを暗示している。カードの四隅にいる４匹の獣は、10番のものとは少し違ったバージョンであり、風、火、水、地の４つの元素を示している。これらの元素は、均衡が保たれており、人生の礎《いしずえ》となる。

踊り子の両足は、吊るされた男の両足のように、十字形になっている。しかし、吊るされた男の示した三角形は、十字の下にあり、まだ彼が世事に縛られている事を意味していた。ここでは、踊り子の両手から頭の天辺に至る三角形は、上向きになっている。従って、この霊の三角形は、物質の十字の上に乗っている🜍。踊り子の２本の棒は、彼女が所有している退化と進化のパワーである。

踊り子は女性に見えるが、著述家の中には、真実はベールに包まれているものの、このカードでは、両性具有が描かれていると言う者もいる。世界は、人間がそこからやってきて、そこへ戻る、理想的な状態とも考えられている。ここでの到達点は、自意識と潜在意識の併合、この２つの意識と超意識との混合である。つまり、宇宙意識の最終段階であり、他のカード全てが導いてきた至高の目標である。

正位置：完成、報酬、成功。全ての企てでの勝利。旅行、住居の移転、宇宙意識の状態への到達。解放への道。

逆位置：成功はまだ勝ち取られていない。変化や旅への恐れ、１つの住居や職業にあまりにも強く執着する事。展望が無い事。

XXI
THE WORLD.

4
小アルカナ

小アルカナは、大アルカナより古い起源を持つと信じている者もいます。クール・ド・ジェブランが世間に発表した時に、既に双方が1つのパックになっていたため、この仮定を確かめたり、立証したりする方法はありません。確かに、この件に関して、小アルカナを軽視し、大アルカナだけに集中している著述家もいます。なぜなら、何と言っても大アルカナは、カバラの生命の木に関わっているからです。しかし、継続的な研究は、小アルカナの意味が、明らかに、生命の木の10個のセフィロトの意味に対応しているのを示しています（この関係は、タロットとカバラの章で論じます)。

この本には、アーサー・エドワード・ウェイトのライダーパックが選ばれました。というのは、このパックだけが、56枚の各小アルカナに絵が描かれているからです。心は、単なる数の象徴のデザイン（3枚のペンタクル、9本のソード、6個のカップなど）より、生き生きとした描写を見た後の方が、簡単にカードの意味を覚えるのです。

宇宙は4つの元素、すなわちヘブライ文字のIHVH（エホバ）の4文字に対応する、火、水、風、地から創り出されたと言われてきました。古代ヘブライ語では、母音の表記は無く、これらの文字は、人称ではなく、物と一緒に用いられる「存在（be)」動詞の形を表したものでした。IHVHが、全ての物体と生物を存在させる意識エネルギーの象徴であったからです。「I」は、火の元素を意味し、「H」は水、「V」は風、つまり生命の息吹、そして、最後の「H」は地の元素の堅固さを表しています。

小アルカナの4つのスートは、ワンド、カップ、ソード、ペンタクルです。これも次のように、IHVHと4つの元素に対応しています。

I	火	ワンド
H	水	カップ

V	風	ソード
H	地	ペンタクル

それぞれのスートは、エースから10までの番号がついたカードと4枚のコートカード、キング、クイーン、ナイト、ページから成ります。タロットは、前述したように、近代のトランプカードの先駆けです。ナイトが消え、スートの名前が変わった（ワンドがクラブに、カップがハートに、ソードがスペードに、ペンタクルがダイヤに）としても、残っている物は、実質的に近代のトランプカードと同一です。他の類似点は既に記されています（訳注18）。また、完全な78枚のデッキには、愚者と呼ばれる番号の無いカードがありますが、今日のジョーカーは、それから進化したもので、やはり番号が振られていません。小アルカナの4つのスートは、黙示録の4匹の獣によって表されています（大アルカナの10番と21番の解説を参照）。

ワンド

このスートは、動きと企て、エネルギーと成長を意味しています。カードの中に現れる棒は、いつも葉に包まれており、絶えず命を再生し、成長させ続ける事を示しています。観念の世界や、農業など、あらゆる形の創造と関連しています。サラマンダーは、ワンドに結び付いた動物ですが、パルケルスス（1493～1541）の理論によると、サラマンダーは、火の元素に宿る生物であるという事です。黙示録の獣たちの中で、ワンドは、ライオンと同意義です。ワンドに割り当てられた方向は南です。また、ワンドの人々の気質は、楽天的です。これは労働者たちのスートなのです。

カップ

このスートは、通常、愛や幸福を示しています。カードの中のカップは、潜在意識、本能、愛の感情、喜び、良い生活、豊かさ、美の象徴である水に関連しています。そして、カップに対する獣、というより生き物は、女性の水の妖精であるオンディーヌです。方向は西で、気質は冷静です。黙示録での姿は、水運搬人、あるいは水瓶座の人です。これは、聖職者たちのカードです。

ソード

剣は一般的に攻撃、闘争、大胆さ、勇気を表現しています。時には、憎悪、戦い、敵も意味しています。これは、不運と災害のスートです。方向は北で、生物は風の精のシルフです。ソードの気質は、憂鬱そうだと言われています。そして、黙示録での姿は、鷲です。これは戦士たちのカードです。

ペンタクル

このスートのカードに現れる象徴は、ペンタクルと呼ばれ、古代では様々な魔術の処方が記された金属の円盤でした。このスートで、ペンタクルは、五線星形と呼ばれる五芒星で描かれます。五線星形は、魔術学の象徴であり、人間の五感、自然の五要素、また人体の五つの先端の象徴でもあります。ここでは、お金や財産の獲得、商売を表します。方向は東で、気質は気難しいです。生き物はノームすなわち地の精です。黙示録での姿は牡牛です。これは、商人たちのスートです。

ワンド

THE WANDS

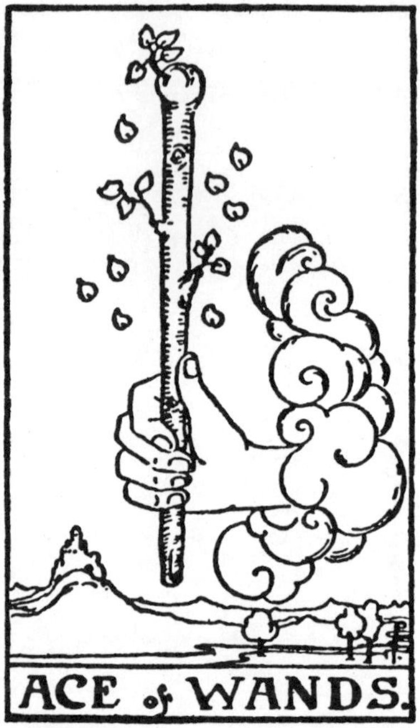

ワンドのエース

解説：雲の中から手が出てきて、花咲く棒を差し出している。はがれた8枚の葉が空中に舞っており、ヘブライ語のヨッド、あるいは物質へ霊が降りてきた事を示している。エースは、始まりを意味している。ワンドは、動きと企てである。従って、何らかの創造的な性質が質問者へ与えられている。

正位置：企ての始まり、発明、あるいは家族を作り始める事。旅、冒険、突飛な行動の始まりとも言える。

逆位置：新しい企てのキャンセル、旅の延期、曇りのある喜び。間違った始まり。

ワンドの2

解説：領主が胸壁から海を眺めている。地球を右手に、棒を左手に持っている。もう一本の棒は、鉄の輪で止められている。欲望を意味するバラは、純粋な思考を表す百合と共に、等軸の十字架を形作っている。これは、思考と欲望の間にバランスが取れている事を示す。

正位置：大胆さ、ある企てに乗り出す勇気。科学的な方法の使用。他者への影響力。親切で寛大だが、プライドが高く、厳しい性格。

逆位置：不安、強情、恐れ、身体の苦しみ。良いスタートを切ったのに、相談者にとって形勢不利となる。

ワンドの3

解説：しっかりした商人が、海を眺めている。彼の船は港へ入ってこようとしている。ワンドの2の男がさっき始めた事を完了したところだ。

正位置：希望の実現、確立した強さ、気高さ、富、力。自尊心や傲慢さへの用心。協調、成功した商人から支援が与えられるだろう。

逆位置：支援を得た事に気がつく。富はいつのまにか無くなりそうだ。裏切りと失望の可能性がある。

ワンドの4

解説：二人の乙女が、楽しそうに花束を高く掲げている。お祝いの花冠が、4本の花咲く棒の上から下がっている。背景には、濠《ほり》で囲まれた城がある。

正位置：完成した仕事。労働の後の休息。平和、繁栄、調和、ロマンス。将来の結婚。

逆位置：（正位置と）同じ意味を残すが、平和、繁栄、成功は完全とは言えない。

ワンドの5

解説：5人の若者たちが、巨大な棒を持って戦っている。彼らは本気なのか？　4つのスートの各5番が否定的なので、これは真剣な争いと想定できる。ワンドは企てやエネルギーを表すが、5ではこのエネルギーが否定的に使われる事に注目。

正位置：激しい闘争、無分別、競争。生存競争では、大胆さが物事を良い方へ変える。障害、訴訟。

逆位置：寛大さ。新しい仕事の機会。障害を乗り越えた後の勝利。

ワンドの6

解説：これは勝利の王である。彼は月桂冠を載せた棹を持ち、馬に乗ってやってくる。家来たちは、脇で行進している。

正位置：良い知らせ、争いの後の勝利。労苦を通じて得た喜び。勤勉による成功。芸術や科学における前進。友人たちが助けとなる。

逆位置：褒賞は遅れる。勝ち誇った者の傲慢。成功している敵への警戒。

ワンドの7

解説：この青年の構えは、土地のために戦うヨーマン（訳注 19）のものである。6人の敵が下から攻撃している。

正位置：勇気による勝利。妨害に抗しての成功。質問者は、有利な立場にいる。仕事面あるいは取引での競争。確実な成功。

逆位置：無知、虚偽。質問者は脅かされている。優柔不断への警告。

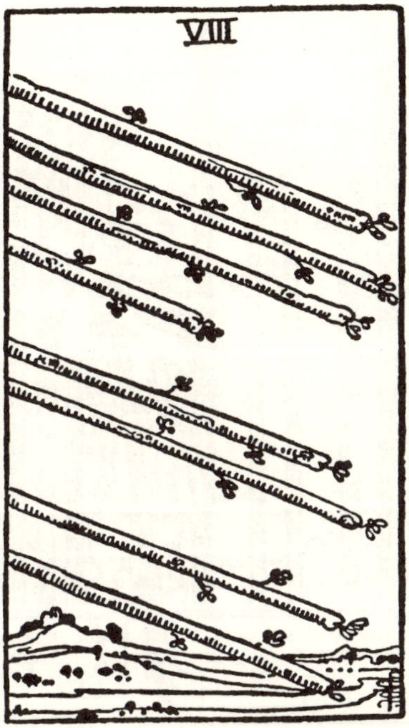

ワンドの８

解説：広々とした野山を走ってきた８本の矢が、エネルギーを費やして、今にも止まろうとしている。

正位置：非常に早急な事。大きな希望。早過ぎる前進。進行中のもの。早急な連絡。メッセージ、ラブレター。目的への接近。空路の旅。

逆位置：遅延、仕事や恋愛での停滞。嫉妬の矢。

ワンドの9

解説：包帯を巻いた頭は、男が既に戦い、また戦いを始めようと用意している事を示している。背後の棹《さお》は、彼が抗している境界を表している。

正位置：戦いの小休止。準備万端、蓄えた力。結果的には勝つが、安定した力を供給すべきである。強情さ、強さ、力、健康。

逆位置：弱さ、優れない健康、敵意、不快、克服すべき障害。

ワンドの１０

解説：青年が棹《さお》を運んでいる。荷物は、彼が扱える量よりかなり多いように見えるが、それでも、町の方へとよろよろ歩いている。

正位置：利己的な目的に用いられる力とエネルギー。無分別に使われる力。調節されていない力の負荷を支える事。これは、火による修練でもあり、心は苦痛で試される。まもなく解決される問題。

逆位置：陰謀、別離、移住。訴訟が係争中の場合、何らかの損失があるだろう。

ワンドのページ

解説：ページ・プリンセスと呼ぶ者もいるように、確かに絵から見ると、メッセージを届けようとして、棒を持ち上げ大胆に立っているのは、若者でも乙女でもあるようだ。背後にある3つのピラミッドは、物質的な地球の象徴であり、火に関連している（全てのワンドのスートがそうである）。

このカードは、色白の少年か少女を表すために選ばれるようである。なぜなら、ワンドは常に金髪で、青かはしばみ色の目を示しているからだ。

正位置：勇気、美。惚れっぽかったり、怒りっぽかったりする性質。力への欲望。熱狂。使者または郵便配達夫。知らせを運ぶ者。スプレッドの中で、このカードが男性を表すカードの隣に出たら、彼にまつわる好ましい事の証明である。

逆位置：冷酷、不安定、横柄。もしあなたが女性なら、彼はあなたを悲しませるだろう。悪い知らせを報告する事。

PAGE of WANDS.

ワンドのナイト

解説：鎧に身を包んだハンサムな若い騎士が、馬で平原を急いで走っている。遠くに3つのピラミッドがある。彼のマントは自分の尾に噛みついているサラマンダーに飾られている。サラマンダーは、焼かれずに火の中を通れると思われており、ワンドは火の象徴である。

このカードは、青かはしばみ色の目で金髪の、若い成人男性の質問者を表すために選ばれる。

正位置：エネルギーに満ちた、恐らく戦士である青年。彼は、寛大な友だちか恋人であるが、残酷になったり、粗暴になりそうになる。彼は、為す事全てにおいて性急である。また、住居の移転、移住、早い出発を意味する事もある。スプレッドの中のナイトは、物事の始まりか終わりを意味するようだ。

逆位置：恋人志望者が嫉妬をして、争いを生み出す。不和、フラストレーション、エネルギー不足。邪魔される仕事。

KNIGHT of WANDS.

ワンドのクイーン

解説：冠を被った女王が、玉座に座り、右手に棒を握っている。左手にはひまわりがあり、自然とそれに及ぼす女王の統制力を示している。玉座の腕木は、ライオンの頭になっており、これも低次元の獣的な力を統制している事を示している。前方には黒猫がいる。これは、不吉な相のビーナスである。女王の背後には織物が掛かっていて、ライオンとひまわりの模様が繰り返されている。3つのピラミッドがここでも見える。

このカードは、青かはしばみ色の目で金髪の女性に対して選ぶ事。

正位置：彼女は望むものを引きつける大きな力があり、心も体も成熟している。自然や自分の家庭を愛し、お金については実際的であり、仕事上の判断は健全である。
女性を表していない場合は、次の特質を示す。事業での成功、家庭への愛や何かを育てる事、親切と寛大。

逆位置：横柄、頑固、執念深い事。理由も無く、他人に突然敵対しそうになる事。結婚している場合、彼女は貞節ではないだろう。

QUEEN of WANDS.

ワンドのキング

解説：彼は王族の衣を身につけ、頭には王冠を載せ、座っている。ライオンとサラマンダーが背後の柱に飾られ、彼のマントのデザインはサラマンダーからできている。側に小さいサラマンダーが座っている。これら全ては火を象徴する。棒は、王の笏《しゃく》と魔術師の力の杖をあらわす。杖は、(四大元素の) 精たちを呼び出し、霊的あるいは物質的な利益を上げるために、彼らの力を用いる事ができる。

これは、青かはしばみ色の目を持った金髪の男性——成熟した事業家の男性——を表すカードである。

正位置：ハンサムで情熱的であり、頭の回転は速く、身のこなしは軽い。田園の紳士であり、大抵結婚している。高潔で気高く、名門の出である。性急過ぎる時もある。
カードのスプレッドの中で、男性が全く関係していないようだったら、次の3つの特徴が認められるだろう。正直、友情、情熱。思いがけない相続を意味する場合もある。良い結婚も意味するだろう。

逆位置：狭量、偏見、曲がった性格。過ちには厳格である。厳しさと無慈悲。

KING of WANDS

カップ

THE CUPS

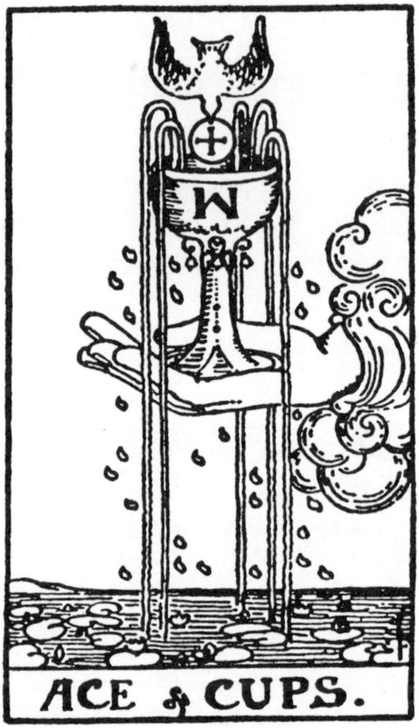

カップのエース

解説：ここでも、手が雲から伸びてきて、カップを差し出している。カップからは、5筋の命の水が、潜在意識の象徴である下の湖に流れ落ちている。平和の鳩は、十字の印のついたウエハースをくわえており、魂の雫《しずく》はカップから（ハスと同様）永遠の命を意味する象徴、スイレンの上に落ちていく。

正位置：大きな愛の始まり。歓喜、満足。生産力、豊饒。美と喜び。あなた方の心にいつも聖霊がいるのなら、聖霊があなた方の物質的なカップを満ち溢れさせるだろうという事を心に止めよう。

逆位置：偽りの愛、曇った喜び。不安定さ。愛の育成に対するためらい。

カップの2

解説：若者と乙女が、人生の善事に満ちたカップをそれぞれ持ちながら、愛を誓い合っている。2匹の蛇が、生命創造の火を表す男根の象徴である棒に絡まっている。蛇は、善悪間のバランスを表している。二人の頭上では、肉欲を表すライオンが飛び立った。

正位置：男性面と女性面の調和。相互関係、友情や恋愛の始まり。理念の比較検討、及び気の合った者との計画。

逆位置：偽りの愛、放蕩、狂気、激しい情熱。分裂。誤解。

カップの3

解説：実り多い庭で、乙女たちが、物事が成功の内に終わった事を祝し、カップを高く掲げている。

正位置：成功、豊かさ、幸運、好運（財政的な）、勝利。企ての幸せな結果。歓待。喜び。

逆位置：肉欲に溺れる事、暴飲暴食。喜びが苦しみに変わる。成功は灰塵に帰す。

カップの4

解説：一人の若者が、木の下で、目前のたっぷり入った3つのカップに気づかず、黙想にふけっている。頭上から、もう1つのカップが差し出されているが、彼はそれにも見向きもしない。

正位置：ある者の人生の停滞した時期、倦怠、飽満。物質的な成功への不満足、世俗的な歓楽の再評価。他者からの親切。

逆位置：満ち足りた時や、熟考の時から醒める事。新しい関係が今可能である。新しい目的、新しい野心。

カップの5

解説：絶望の黒いマントに包まれた、その人物は、3つのカップがひっくり返り、喜びのワインが地面へ染み込むのをじっと見つめている。背後の残り2つのカップはまだ立ったままだが、彼はそれを無視している。遠くで橋が小さい城へと導いている。この川は、潜在意識の流れである。

正位置：失望。喜ばしいはずの出来事に悲しみがある。恋愛での幻滅。壊れた結婚。友情を失う事。無駄な後悔。損失、しかし何かが残っている。

逆位置：戻ってきた楽しみ。新しい同盟が結ばれる事、旧友や愛する者の復帰。希望に満ちた期待。

カップの６

解説：村の広場で、一人の少年が一人の少女に花が一杯入ったカップを差し出している。背景の田舎家は、家庭への思いと幸せな子供時代の記憶を意味している。花に満ちた残りの５つのカップが側に並んでいる。

正位置：〔今ではない*〕過去の思い出から来ている幸福、享楽。子供時代の知り合いに会う事。楽しい思い出。なお、このカードは、新しい友情を意味する事もある。ファンからの贈り物。新しい知識と新しい可能性。〔*訳者加筆〕

逆位置：あまりにも過去に生きている事。用をなさない倫理や作法へ執着する事。役に立たない仲間。遺産や過去からの贈り物の可能性。

カップの７

解説：黒ずくめの男が、前方に漂う雲の中の７つの杯から立ち上る奇妙な幻に驚いて立っている。それは、城、宝石、骸骨が下にある勝利の花輪、凝視する赤い竜、色白の女性の頭、嫉妬の蛇、そして神聖な光にきらめく、ベールを被ったその男の守護天使の姿である。

正位置：夢、砂上の楼閣、働き過ぎる想像力。質問者の力は、あまりにも無駄に散っている。幻の成功。利己的な放蕩。欺瞞。

逆位置：行いを改めようという決心。ちょっと成功しても、努力はさらに続けなければならない。新しい決意と決断。賢い選択。

カップの8

解説：巡礼者の杖を持った男が、きれいに積み上げられた8つのカップに示される成功を放棄している。不毛の情景が彼の前に横たわっている。満月で欠け始めた月が眺めている。

正位置：得られた途端に捨てられる物。あちらこちらへの旅。理由の無い悲嘆と不満。恋愛での失望。質問者は、何かより高いもののために、物質的な成功を離れたいと切望するだろう。見捨てられた成功。

逆位置：成功への興味。喜び、祝賀、新しい恋愛。物質のために、精神面が捨てられる。

カップの９

解説：これは願望のカードである。カップの９が質問者のスプレッドの中に出てきたら、彼（彼女）の望みはかなうだろう。ここにある絵は、美食家の大層満足した男の姿である。彼は、中身が詰まったカップを９つ全部、後ろにきちんと一列に並べている。

正位置：物質的な成功、満足。人生の良い事は、全て可能である。質問者の願いは叶うだろう。肉体の健康。

逆位置：すべきではない信頼。偽りの自由。何らかの欠乏か病か、暴飲暴食の可能性がある。質問者の望みは達成されないだろう。

カップの１０

解説：背景に家があり、若い夫婦と踊っている子供たちがいる。夫婦は、虹の彼方に望みを託して、喜びの内に腕を伸ばしている。

正位置：満足。長続きする幸福。なぜなら、それはカップの９で示される官能的な満足から来るものではなく、上方からもたらされるものだからである。人類愛の極致。大きな友情。継続する成功。仲裁。

逆位置：友情の喪失、背信。気まぐれ。浪費。犯罪から得る満足。

カップのページ

解説：良い身なりの若者あるいは乙女が、カップを見つめながら立っている。カップからは、魚が出ている。魚は、想像上の思いつきの象徴である。背景には海がある。潜在意識のスートであるカップでは、何らかの形の水が、多くのカードで見られる。

これは、占いをする場合、薄茶の髪とはしばみ色の目をした18歳以下の若い男女あるいは、未婚の若者に対して選ばれるカードである。

正位置：憂鬱気味で、感情が激しい若者、勉強好きだが、想像が飛躍しがちである。質問者へ奉仕をしたいと願っている。
このカードが若者を意味しない場合は、質問者が、芸術に引きつけられたり、瞑想しがちな事を意味するだろう。ニュース、メッセージ、子供の誕生とも言える。新しいビジネスの方法が提案される。

逆位置：創造しようという気が殆ど無い事。道楽。上品さ。誘惑。詐欺はまもなく暴露される。障害。不愉快なニュース。

PAGE of CUPS.

カップのナイト

解説：威厳のある騎士が、鎧をまとっている。しかし、彼は、好戦的ではない。騎士は、羽根のついたヘルメットを被っている。ヘルメットは、想像力の印であり、ヘルメスが両性の性質を持っている事を示す。彼は流れに近づきながら、しっかりとカップを支えている。

これは、薄茶の髪ではしばみ色の目の青年に対して選ばれるカードである。

正位置：優雅で、詩人肌だが、怠惰な青年。彼は、官能的な楽しみを夢見ている。メッセージの運び手、提案、招待と言った意味もある。

逆位置：好色、怠け者、不正直。ペテン、策略、詐欺。企画は注意深く検討すべきである。

KNIGHT of CUPS.

カップのクイーン

解説：一人の女王が、オンディーヌ（水の精）で飾られた玉座に座り、水に囲まれている。美しく、色白で、夢見がちな彼女は、儀式後の聖体拝領（訳注 20）用の杯に似たカップを見つめている。カップは閉じられており、中に入っているものが、誰にでも見えるわけではないという事を示している。

このカードは、薄茶の髪ではしばみ色の目の女性に対して選ぶ事。

正位置：自分のイメージが定めた事を実行できる女性。彼女は、正直で、献身的で、誠実な良き妻、良き母である。
質問者が、自分の生活でこのような女性に心当たりが無い場合は、空想力のある者か、親切だが、他者にあまり煩わされたくないと思っている者と考えられる。成功、幸福、喜びが示される。

逆位置：ひねくれた性格。知的だが、信用がおけない。不誠実、不品行。

QUEEN of CUPS.

カップのキング

解説：一人の王が、玉座に座り、かなり荒れた海に囲まれている。一匹の魚が水から飛び跳ね、遠くには船がある。王は、一方の手に笏《しゃく》を持ち、もう一方の手に大きなカップを持っている。金の魚が首の鎖から下げられている。彼は、バランスと平和、芸術と科学を表している。

このカードは、薄茶の髪ではしばみ色の目の男性に対して選ばれる。

正位置：この男性は、法律と商業の双方に優れている。教会か世俗的な機関に関係しているようだ。彼は、親切で、思いやりがあり、責任を取る事もいとわない。
このような男性が示されない場合は、自由や寛大、熟慮や創造的な知性、芸術や宗教への興味という特色が予想される。

逆位置：力強い男性、しかし、ずる賢く、乱暴者のようである。静かな外見だが、残忍な性質。裏表がある。貞操やお金が奪われないように注意する事。

KING of CUPS.

ソード

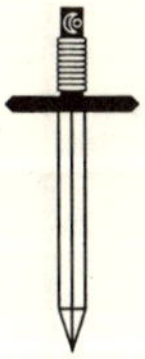

THE SWORDS

ソードのエース

解説：両刃の剣が、雲から出ている手に持たれている。剣先は勝利の王冠に囲まれている。オリーブの枝（慈悲）と、ヤシの枝（厳格）がそこから垂れている。剣の周りには、ヘブライ語でいうヨッドが6つあり、モーゼ五書にある創造の6日間を思い起こさせる。このカードは、世界の秩序と、慈悲と厳格のバランスを維持する正義を象徴している。

正位置：征服、力による勝利、旺盛な行動力。強く愛する力、または、強く憎む力。英雄的な気質を持った子供が誕生する可能性。優勝。

逆位置：征服するが、結果は惨憺たるものである。障害、大きな損失。不毛。

ソードの2

解説：座っている女性が、肩の上で、二本の剣の釣り合いを取っている。年取ったカード占い師たちは、彼女の事を「目隠せらるる」と称するが、私たちは、「目隠しをされる」と言うだろう。恐らく、彼女は、自分の状態に盲目である。彼女の背後の海には、不注意な者を罠にかける岩がある。細い月が彼女の上に輝いている。

正位置：人間関係での緊張。優柔不断、釣り合いの取れた力。軍事上の友好関係。よく発達しているが、指示を必要とするバランスとリズムの感覚。膠着状態。

逆位置：解放、事態の進展、そしてそれは間違った方向へと行く事もある。詐欺師を避ける事。困っている者への同情。不実。

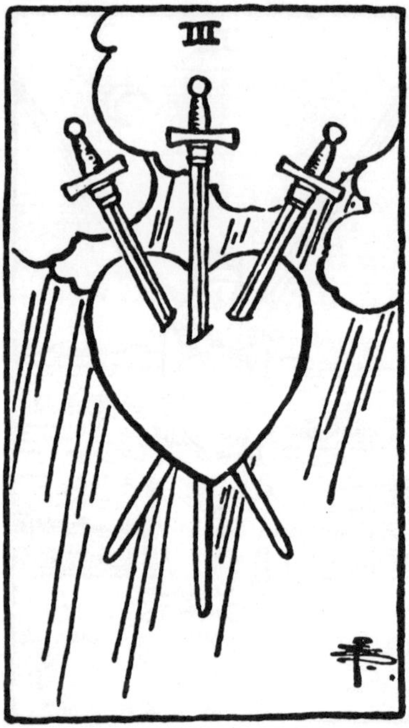

ソードの3

解説：3本の剣に貫かれたハートが、荒天にさらされているのが見える。

正位置：愛情に対する荒れた心模様。涙、別離、喧嘩。全般的な環境の大変化。内戦の可能性。政治上の闘争。

逆位置：こちらも混乱、喪失、悲しみ、大変動だが、程度はやや小さい。

ソードの４

解説：ステンドガラスの窓のある教会で、騎士の彫像が、彼の墓の上に長々と横たわっている。彼の両手は祈るように、組み合わされている。

正位置：隠者の休息。戦いの後の休憩。流刑。不安の軽減。苦しみからの解放。まもなく、よい方向への変化があるだろう。死のカードではない。

逆位置：新規の活動。条件付きの成功。ある者の身辺の動き。社会的な不安。賢く、礼儀正しくし、倹約するように注意する事。

ソードの5

解説：ならず者が敵の剣を奪い取ったところだ。敵は落胆の内に去っていく。嵐の雲が空一面にある。スプレッド内ではこのカードの隣のカードが何かによって、質問者は、征服される場合と、征服する場合がある。

正位置：失敗、敗北、堕落。他者の征服。不正、中傷、残酷、臆病。

逆位置：プライドの持ち過ぎに注意。損失や敗北の可能性。葬儀への出席。空しい勝利。悲しみ、弱さ。

ソードの6

解説：失意の内に、女性と子供が、静かな岸へと船で流れを渡っている。

正位置：未来はより良くなるだろう。心配した後の成功。新居への移動、水路での旅。仕事上で、自分の代わりの者を送る事。意識内の探索。

逆位置：本来の場所に留まる事になろう。現在の困難を解決する決め手が無い事。訴訟や他の企ての不愉快な結末。

ソードの7

解説：一人の男が、背景にある軍隊キャンプから、5本の剣を持ってきて、盗み去ろうとしている。2本の剣は、まだ地面に突き刺さっている。

正位置：失敗しそうな計画。自分のものでない物を持ち去ろうとする浅はかな試み。不安定な努力。計画についての言い争い。他者へのスパイ行為。部分的な成功。

逆位置：予期せぬ幸運の可能性。確かなアドバイス。教示。実現しそうな願い。

ソードの８

解説：ここでも、乙女が「目隠せられ」、今回はさらに縛られている。彼女は、剣に囲まれながら、沼地に立っている。遠くの岩壁の上に城がある。

正位置：狭いか、制限されている環境。束縛。優柔不断による保留。裏切り。ある状況から出る事への恐れ。一時的な病。

逆位置：新しい始まりが今なら可能である。直情的な、寛大な性質。恐れからの解放。自由。

ソードの9

解説：真夜中に眠りから覚め、一人の女性が両手で頭を抱えて、絶望の内に座っている。十二宮の模様が彼女のベッドカバーを飾っている。9本の剣が重々しく頭上に掛かっている。

正位置：苦しみ、喪失、困窮。重荷、抑圧。疑いと荒廃。病気。愛する者の死も表すだろう。

逆位置：忍耐、利己的でない事。時が立てば癒される。明日は明日の風が吹く。

ソードの１０

解説：このスートの他のカードでは、剣は人を囲んでいるだけである。ここでは、現に剣は人を刺している。彼は、荒涼とした土地に横たわり、頭上には暗い空がある。

正位置：ソードの９は絶望を表すが、ここでの意味はさらに深刻である。計画や企画の破綻。戦争での敗北。家庭生活の崩壊。悲嘆が襲うだろう。富裕であったり、高い地位にあるにもかかわらず、困難がやってくる。事故死のカードではない。困っている者に進んで施しを与えるようにというアドバイス。

逆位置：悪の力の打倒。何らかの成功と利益。もう一度立ち上がる勇気。スピリチュアルな問題では、高次元な力に助けを求める事。

ソードのページ

解説：青年（あるいは乙女）が、両手で剣を持って、でこぼこの地面を敏捷に歩いている。荒々しい雲と、鳥の群れの飛翔が、災難が起こりそうな感じをもたらす。剣は、戦士たち、不和、そして不運のカードである。

このカードは、茶色の髪ととび色の目を持つ、活発な少年、少女に対して選ぶ事。

正位置：外交関係、あるいは政府関係で見習いをしているような若人。彼あるいは彼女は、早くから理解力に長け、外交術の使い方を知っている。

このカードは、メッセージ、また何らかの形のスパイ行為、さらに優雅さ、機敏さを意味し得る。

逆位置：ペテン師、それが今にもばれそうである。軽薄さと狡猾さ。病気になる可能性。予期しない事に注意する事。

PAGE of SWORDS.

ソードのナイト

解説：一人のナイトが広々とした野山を疾走している。恐らく、ロマンチックな騎士道の使命のためだろう。嵐の雲が空にある。ビーナスに捧げられたイトスギの木々が、風に吹かれている。剣は、風のスートであるので、何羽かの鳥たちが見える。1羽は騎士の腕に、もう1羽は膝まであるマントの上に、鳥の多くは馬具にいる。鳥たちは、魂の象徴の蝶に伴われている。注意してほしいのは、このスートでの剣は、人生の最高の理想を指し示すためには上向き、絶望と死の深さを示すためには、下向きになるという事である。

このカードは、褐色の髪でとび色の目の青年に対して選ぶ事。

正位置：威勢の良い、勇敢な青年。彼は、威張っているようだが、公正な心を持ち、勇気に満ちている。このカードは、不幸の去来も意味するだろう。

逆位置：行き過ぎ、大自慢をする機会を与えられる。無力な人や動物に対する暴虐。常に戦いを始める用意がある人物。この騎士の活動によって、破壊が起こるだろう。

KNIGHT of SWORDS .

ソードのクイーン

解説：高い玉座で、雲に覆われた空を見つめながら、女王が右手に（訳注21）剣を立てて座っている。これは、「勇気のある者は近くに寄れ！」という意味である。彼女の王冠と玉座の台は、魂の蝶に飾られ、玉座の腕のすぐ下には、風の精であるシルフがいる。女王の顔は、苦しみのために引き締まっている。

このカードは、褐色の髪でとび色の目の女性に対して選ぶ事。

正位置：繊細で鋭敏な頭のいい女性。未亡人や、子供を宿せない女性を表す場合もある。恐らく、彼女は、自分の元から遠くへ去ってしまった愛する者を悼んでいる。
このカードは、寡婦暮らし、服喪、喪失も意味する。親切だが、厳しくもある。鋭い観察力。優雅さ、ダンス好き。

逆位置：信頼できない事。偏狭さ。醜聞。欺瞞。悪意。手練手管のある、上品ぶった女性。

QUEEN of SWORDS.

ソードのキング

解説：いかめしい様子の王が、審判の玉座に座っている。背後には、魂を表す蝶のデザインの柱（あるいは織物）がある（剣は、魂の象徴である)。彼の後ろには、またもや、ソードの各コートカードに出てきた嵐の雲とイトスギが見える。王は、法と秩序、生命力と死を示している。

このカードは、成熟した褐色の髪でとび色の目の男性に対して選ぶ事。

正位置：これは、弁護士、判事、将軍、あるいは統治者らしき男性である。彼は、賢い助言を与え、憎しみを強く持つと共に、友情にも篤《あつ》い。たくさんのアイデアや、思想、企画力を持つ男性。このカードは、力、強さ、権威や軍事諜報機関を表す場合もある。訴訟はまもなく行われる。

逆位置：懐疑的、疑い深い事。また、厳しく悪意に満ちている。策略、野蛮さ、破滅をもたらす力が露わになる。

KING of SWORDS.

ペンタクル

THE PENTACLES

ペンタクルのエース

解説：手が雲から出ている。今回は、金のペンタクルを握っている。純粋な思惟の百合が、下の庭に育っている。このカードは、絶え間ない統合や壮大な可視宇宙全体を意味し、釣り合う力の実現を表す。

正位置：富と物質的な獲得の始まり。金、繁栄、喜びと美を兼ね備えている。

逆位置：けち、貪欲。出だしの失敗。心地よい物質的条件、しかし、質問者に有利になるとは限らない。

ペンタクルの2

解説：派手な衣装を着た若者が踊っており、2枚のペンタクルのバランスを取っている。ペンタクルは、横になった8の字、すなわち、永遠の生命の宇宙的レミスケートのような形をした紐《ひも》で固定されている。彼の背後の船は、高波に激しく揺れている。

正位置：2つの状況を一度にやりくりする能力。快活さ。陽気さ。レクリエーション。変化の最中の調和。新企画は着手が難しいかもしれない。文書のニュースやメッセージ。熱心だが、あてにならない性質、意気軒昂《けんこう》の後、意気消沈する性向。

逆位置：強いられた快活さ。幾つかの状況を同時に処理する事はできない。楽しいふり。

ペンタクルの3

解説：尼僧と僧は、彫刻家が教会のために行っている彫刻の最後の仕上げを見ている。3枚のペンタクルがアーチを飾っている。数秘学とカバラの章を参照して、3が完了の数字である事に注意する事。

正位置：物質が増加する事。職人の親方、熟練した芸術家。商取引での利益。これは、フリーメーソンや、その他のグループ、団体のカードである。

逆位置：技術の不足。無知。利己主義。平凡さの典型、利得に没頭する事。

ペンタクルの4

解説：金に取りつかれている守銭奴がいる。彼は、自分の物質的な所有物をしっかりと抱えこんでいる。

正位置：保証された物質的な利益、成功。世俗的な権力、しかし、それ以上のものには至らない。贈与、遺産、相続。不平家、しみったれの性質を表す事もある。

逆位置：偏見、貪欲、疑惑。妨害。物質的野心の挫折。浪費家、金遣いが荒い。世俗的な所有物の喪失の可能性。

ペンタクルの5

解説：貧しい男女が、光の漏れる窓の下を通っている。地面には雪が積もっており、彼らは困窮しているように見える。外の闇にいるので、男女は、中の光にまだ気づかない。

正位置：失業、貧困、家庭の喪失。孤独、逢瀬の場所を見つけられない恋人たち。同じようなトラブルを通じて得た親近感。魂の暗い夜。

逆位置：ひどい苦労の末に、取り戻したお金。新しい雇用、しかし、これは定職ではない可能性がある。慈善。スピリチュアルな事柄への新しい興味。

ペンタクルの6

解説：恐らく商人と思われる善良な男が、落ち着きと分別を持って貧窮者にお金を上げている。親切心から彼は分け与えている。

正位置：正義感で施す慈善行為。贈り物、遺産。物質的な企てでの利益。他者は、あなたと公平に分け合うだろう。あなたは、自分に値する物を受け取るだろう。

逆位置：富を誇る。嫉妬。貸し倒れ。現在の繁栄は脅かされる。贈り物を贈られるが、賄賂としてである。

ペンタクルの7

解説：強靭な若い農夫が、鍬《くわ》に寄りかかり、彼の右側にあるブドウの木に育つペンタクルをじっと見つめている。彼は自分の仕事から収穫を得るのだろうか？

正位置：ある事業が進んでいる途中で一時的に中断する事。無駄な推測。見込んでいた財産を失う事。失望。借金返済の心配。遂げられない成功。

逆位置：我慢の無さ。たくさんの仕事をした後の少しの儲け。こちらも借金返済の心配。

ペンタクルの8

解説：彫刻家の見習いが、ペンタクルを彫り上げている。彼は他のペンタクルを側の柱に陳列している。このカードをペンタクルの3と比べる事。ペンタクルの3では、彫刻家は熟達した芸術家となっており、褒賞を得ている。

正位置：商売や専門職を学ぶ事。利益のある企ての始まり。将来の雇用や任務。物質的な事柄での技能、手仕事、そして芸術――単なる見習い程度のままでいる場合もある。

逆位置：野望を遂げられない恐れがある。見せかけの虚栄心、陰謀、ずるい取引。贋金作りのように、技をずる賢い事に傾ける。

ペンタクルの9

解説：身なりの良い大人の女性が、手首に飼いならした鳥を乗せて、ぶどう園に立っている。背後には領主の家がある。彼女は一人きりだが、財産を保障されているように見える。鳥は、隼《はやぶさ》だが、よくコントロールされた思考を表している。

正位置：人生の幸運を一人で楽しむ事。相続。ある者の利益になる知恵。園芸の才がある人。物質的な幸福。慎重にするようにという注意。庭と家庭に対する大きな愛。

逆位置：泥棒に遭う危険、キャンセルされた企画。家庭や友情を失う可能性。用心して動く事。

ペンタクルの１０

解説：家長が、一家の紋章を刻んだアーチの前でくつろいでいる。彼の家族と犬は傍らにいて、繁栄の内に営まれた古くからの家族の結束を示している。

正位置：富豪、相続。家族問題への配慮、先祖の系図への興味。遺言や年金に関する問題。家やビジネス上の資産の獲得を意味する場合もある。

逆位置：家族の不運。年取った人々が負担となる。遺産を失う事。少々危険性のある計画に関わる事への用心。

ペンタクルのページ

解説：王子あるいは王女が、野原にたたずみ、彼（彼女）の前に浮かんでいるように見えるペンタクルをじっと見つめている。ペンタクルは、お金と世俗的な物事のカードだが、このページはまだ学生であり、注意深く、勤勉である。

このカードは、黒髪と黒い目で浅黒い肌の少年か少女に対して選ぶ事。

正位置：学習と新しい考えの尊重。物知り。典型的な内向性。また、応用、熟考も意味し得る。上手な経営、慎重さ。お金についての良いニュースやメッセージをもたらす者。

逆位置：放蕩と不節制。物質的な事柄での大きすぎる喜び。浪費、贅沢。お金や世俗的な物品の損失の知らせ。

PAGE of PENTACLES

ペンタクルのナイト

解説：騎士が重々しい使役馬に乗って、耕したばかりの畑を通っている。彼はヘルメット上に緑の小枝をあしらっており、馬の馬勒にも小枝がある。この騎士は、物質主義者である。彼は、持っている象徴を、静かに見つめている。

このカードは、黒髪で、黒い目で、浅黒い肌の男性に対して選ぶ事。

正位置：責任感のある、正直な男性。彼は勤勉で忍耐強い。さらにこのカードは、有益、実用性、信用できる事を意味し得る。あるいは、金銭に関わる重要な問題の始まりか終わりである。

逆位置：発展的でなく、鈍く、臆病で怠惰だったり、不注意な活気の無い性質。事態の停滞。

KNIGHT of PENTACLES.

ペンタクルのクイーン

解説：豊饒の女王が、山羊の頭の腕木、熟した果物とキューピッドの背もたれのついた玉座に座っている。彼女は、緑の野に囲まれている。そして、豊饒のウサギが、彼女の側近くに座っている。女王の頭上にある赤バラの木々は、欲望を表している。彼女は静かに座って、ひざの上に抱えたペンタクルをじっと見ている。

このカードは、黒髪で黒い目の女性に対して選ぶ事。

正位置：この女性は、地母神であり、才能に恵まれ、寛大である。彼女は裕福だが、慈悲深く、真に高潔な人物である。物質面での創造者。
他に富裕、安全という意味がある。周囲の人々への信頼。時々、憂鬱になったり、情緒不安定になったりする。実践的な才能を上手に使う事。

逆位置：不信、疑い。義務を怠る事。他者への依存。移り気。失敗への恐れ。

QUEEN of PENTACLES

ペンタクルのキング

解説：王は、自分の力を示すために、笏《しゃく》を握っている。もう一方の手にはペンタクルを持っている。彼の外衣は、葡萄の房や、葉で飾られている。牡牛の頭が、彼の玉座の背と腕木に描かれ、彼は花々でとり囲まれている。王の城が、彼の肩越しに見える。

このカードは、黒髪、黒い目で、浅黒い肌の男性に対して選ぶ事。

正位置：産業の支配者、銀行家、あるいは、大地主である。彼は、信頼のおける既婚者であり、非常に金融の才のある数学者である。その他に、このカードは、なかなか怒らない安定した気性を意味する事もある。金銭問題が関わっている場での成功、信頼性。

逆位置：愚行。才能の邪悪な使用。価値の無さ。容易に賄賂を使う事。ばくち打ちや投機家との付き合いに注意。拒まれると、危険な男となるだろう。

KING of PENTACLES.

5
タロットカードの読み方

あなたが、タロットのカードデッキを持っていると仮定しましょう。多分そのデッキは、この本に描かれているアーサー・エドワード・ウェイトがデザインしたライダーパックでしょう。これらのカードの意味をマスターすれが、あなたは、今市場にあるどのデッキを使っても比較的容易にカードを読む事ができるでしょう。

カードの保存の仕方

タロットは、物理的な損傷だけでなく、不協和な波動からも守るのが大切です。カードは、絹の布（古いスカーフでも結構です）に包んでください。絹は、カードを保存しておくには最良の素材の1つであると考えられています。それから、包んだカードを小箱——それ自体が素敵な物のようです——に入れてください。カードは、決して散らかしたままにしてはいけません。占いが終わったら、元に戻してください。カードが新しい場合、他の人もやっているように、あなたも枕の下に何夜か置くといいでしょう。そうすると、カードは、あなたの個人的な波動を獲得する事ができます。カードが使われずに何ヶ月もほったらかしにされたり、あなたを不安にさせるような人に使われてしまった場合、もう一度これをやってください。

あなた自身の準備の仕方

78枚のカードそれぞれの意味を研究し、しっかりと学ぶ事は重要です。私たちが理解できない何らかの方法で、あなたの潜在意識は、カードをシャッフルするように指示しているようですが、各カードの意味を記憶に植え付けた後に、やっと正確にそれができるのです。さらに、友だちのためにカードを読もうとする前に、あなたが使おうと決めたカードの並べ方にあなた自身が慣れてください。中途半端に学んだ意味は、中途半端な答を生じるでしょう。

そこにあるカードのどれにも気まぐれを起こしてはいけません。なぜなら、リーディングは、精神領域より上部にある、真実に近づける高次元のレベルへ行くための真剣な取り組みだからです。

私はあなたに、最初の幾つかのリーディングをあまり深刻に取らないようにと忠告します。特に自分用のリーディングの場合、幸せな気分であまりにも楽観的な解釈へと向けないように注意してください。同様に、憂鬱で、失望していたら、あなたの気分がリーディングにどのくらい影響しているか、必ずチェックしてください。

シャッフルとカードの並べ方

あなたは、きっとそれぞれのカードに対する占い上の意味で、よく出てくる「逆位置」という言葉が気になった事でしょう。もちろん、これは、逆さまを意味します。この位置にあるカードは、普通、カードが正位置の時と反対の意味になります。カードを二組に分けて両方からバラバラと切る場合、それぞれの手にあるカードの天辺同士が向かい合うようにしてください。この方法で、カードのおよそ半分は、反対の方向になり、よく混ぜ合わされるでしょう。それぞれのリーディングに対して、カードは何回も何回もシャッフルされるので、とてもよく混ぜ合わされます。

あなたは、読み手と呼ばれ、あなたがこれから読もうとしている人は、質問者と言われます。

シャッフルをする前に、質問者の年齢と色合いに対応するコートカードを選んでください。例えば、20 才以下の少年、少女に対しては、ページを選んでください。なお、少女が結婚している場合は、クイーンを選びます。青年には、ナイトを選んでください。既婚の男性や、成熟した男性はキング、21 才以上の女性は誰でもクイーンです。コートカードの解説を調べて、適したカードを見つけてください。しかし、この段階で、選んだカードに、あまり重きを置かないでください。質問者が、自分の気性はワンドのクイーンだと感じたなら、彼女の髪が褐色でも、それで全く構いません。法王は、聖職者に対して選ぶといいかもしれません。皇帝は、有力な政治家に対して選んでもいいでしょう（あなたが選んだ並べ方に定められた方法に従ってください。質問者のカードは、スプレッドの真中に置くか、デッキの中に戻すか指示されるでしょう）。

質問者にデッキをシャッフルしてもらうのが一番ですが、それが実施できないようであれば、読み手がシャッフルし、カットする前に質問者の手をデッキの上に乗せるよう頼みます。シャッフルの間、質問者は、簡単に見えて実は重要な質問を、心の中で問わなければなりません。質問がカードの中へ入っていくのを感じるまで、何度も何度も心の中でそれを繰り返します。読み手がその質問の中身を知らない場合が最良です。というのは、そういった知識は、彼のリーディングを過度に歪めるかもしれないからです。シャッフルの間、読み手は、高次元な力だけが周りをとり囲むよう、静かに願わなければなりません。後で、リーディングが終わりそうになったら、質問は口に出してもよく、それからカードは詳しく読むために見直されます。

シャッフルの後、ジプシーの正しいやり方では、質問者は、左手で左に向かって3つの山に分けます。読み手は、一番目の山を下に置く事から始めて、左手で全ての山をまとめます。

並べ方

デッキのトップからカードは、一枚ずつ表にして、選んだ図形に合った順序で置きます。必要なカード枚数が並べられたら、パックの残りは側によけ、使いません。

並べられた全てのカードをさっと眺め、どのスートが優勢か、コートカードや大アルカナカードがたくさんあるかどうかを注意します。リーディングの中で、一般的な傾向や方向が認められるでしょう。

たくさんのワンド――変化
たくさんのカップ――愛、美点
たくさんのソード――争い
たくさんのペンタクル――政治的な行動、あるいは陰謀

大アルカナがたくさん現れる場合、質問者の問いへの答は、他者に大きく左右される事を示します。

リーディングが、個々のカードの意味だけでなく、配列の中の位置によって決まる事や、両隣のカードも解釈に影響する事を覚えておいてください。

質問は、通常、次のカテゴリーの1つに収まります。

1. 愛、結婚、家族の状況
2. お金、ビジネス関係、資産
3. 業績、旅行
4. 心の状態、精神面で出会う問題

カードの解釈の仕方

読んでいる人に関係づけて、カードの中に見ているものを、つながりのある話にしてみてください。何枚かのカードの意味を忘れてしまったら、それらを調べてください。そして、推測しないでください（この章の最後に、各カードについて短くまとめた意味がリストになっています。必要があれば、すぐに思い出せます）。

カードを読んだ後に、質問者があなたに、質問に答えてくれていないと言ったら、カードがもっと深刻な問題を扱っていて、質問者がそれを気にかけているかどうか聞いてください。私は、人々が、本当に心にあ

るものをむき出しにするのを少し恐れ、タロットには表面的な質問をする事に気づきました。質問者を少しずつ理解し、真摯に助けたいと願えば、あなたは、本当にその質問者を悩ませているものを見つけ、カードが、実は質問者の最重要な質問に答えていた事が判るでしょう。

あなたが、サイキック（心霊的）な人でしたら、カードは、質問者が話す必要があり助言を求めている問題について、実際に生きているかのように、あなたを正しく導きます。他方、自分をサイキック（心霊的）だと感じられない人々もまもなく、第六感が進歩し、ある状況に秘められた暗示を直感で知る事でしょう。

時にカードは、全く答えていないように見えます。このような場合は、質問者に、もう一度シャッフルして、もっと深く問題に集中するように求めます。再度シャッフルしても、カードがまだ意味をなさないようだったら、次に読むまでに最低24時間はカードをしまっておく方がいいでしょう。

絶対に、絶対に、絶対に、失望させるような解釈でリーディングを終わらせないでください。カードが悪かったら、仕事や学習、職務への応用や健康への注意、人間関係へ愛や共感をもっと持つ事によって、質問者が問題をどうやって克服できるかを示してください。あなたは、漠然とではありますが、質問者の知り合いについて、これから起こる病気や死を予言する事もあるでしょう。しかし、質問者に対しては、深刻な病気や死を絶対に予告してはいけません。その代わりに、未来にやや病気になる可能性があるが、質問者が健康にもっと注意すれば、避けられると言ってください。そして、カードの配列での、もっと肯定的な部分の解釈へ素早く移ってください。

タロットのリーディングには、大きな責任が伴います。あなたは、充分な自己表現を抑制しているものを、タロットによって他人に明示する事ができます。他の人々はあなた同様敏感ですから、未来への希望の無いリーディングをする事は、残酷であり、無意味な事なのです。他方で、私たちは皆、見かけ上希望の無い人生でも、突然驚くほど好転するのを見てきました。命ある限り、希望があるのです。

さて、あなたは、自力で新しい技術を上品に繊細さを持って使う事になります。真面目に取り組む人々皆にとって、タロットは面白いものに違いありません。さあ、楽しみましょう！

図形1
古代ケルト十字法

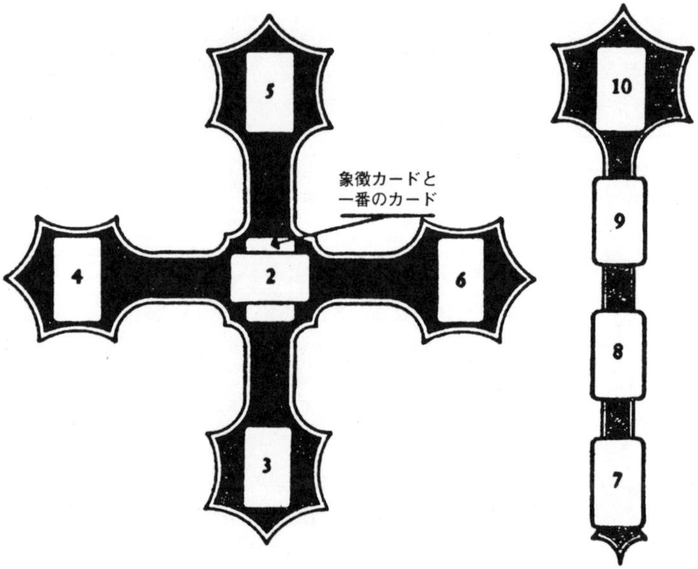

象徴カードは真中に置く。

1番：これは彼を隠す。
2番：これは彼を横切る。
3番：これは彼の下にある。
4番：これは彼の後ろにある。
5番：これは彼の上にある。
6番：これは彼の前にある。
7番：彼が恐れているもの。
8番：家族の意見。
9番：彼の希望。
10番：最終結果。

古代ケルト十字法

読み手であるあなたは、質問者を表すコートカードを選び、テーブルの真中に置いた。質問者は、黙ってあるいは声に出して質問をした。そして、カードをよくシャッフルし、（左側に）カットした。そこで、読み手のあなたは、カードを取り上げ、トップから10枚を並べ、図形に従って、表に返す。

カードが乗っている箇所の番号に与えられた意味を結び付けて、それぞれのカードの意味を次々に読む事。

1. これは彼を隠す。
   真中にある最初のカードは、なされた質問をとり囲む一般的な状況、及びそれに関わる課題への影響を示している。

2. これは彼を横切る。
   このカードは最初のカードの上に横に置かなければならない。常に正位置として読むが、これは、良かれ悪しかれ、何が対立する力なのかを示す。

3. これは彼の下にある。
   問題の基盤、すなわち、既に対象者の過去での経験の一部となっているものである。

4. これは彼の後ろにある。
   これは、今過ぎたばかりの影響を示す。

5. これは彼の上にある。
   これから起こる可能性がある事を表す。

6. これは彼の前にある。
近い将来に起こる事柄を示す。例えば、出会い、用務、人、影響である。

7. 彼が恐れているもの。
問われている質問に対して持っている否定的な感情。

8. 家族の意見。
質問者の環境、この問題についての、家族や友人たちの意見や影響を表す。

9. 彼の希望。
問題における質問者自身の希望や理想を表す。

10. 最終結果。
この10番目のカード、つまり最後のカードは、最終結果がどうかを語る。テーブル上の他のカードから占われてきた全てを含まなければならない。

さて、あなたのリーディングから話を作る時が来た。質問に関わる範囲で、質問者の過去について、カードから判る事を彼に伝えよう。彼の将来が、彼にとってどのように続いていきそうか、また、注意しなければならない否定的な影響や、利用すべき良い影響について語ろう。

最終カードから、最終的な結論が引き出されないという事が起きた時は、十枚目のカードを質問者に対して選んだ元のカードの代わりに置いて、全ての作業を繰り返した方がいいだろう。質問者は、始めの質問を繰り返し、もっと明確にするよう求めながら、カードを念入りにシャッフルする。それから、カードは前回と同様、カットされ並べられる。これによって、もっと詳しい結果の根拠が得られるだろう。満足の行く回答が無い場合は、その日はカードを片付けるべきだ。なぜなら、何らかの邪魔があるのは明らかであり、恐らく、質問への答は、まだ霊界で決定されていないからである。

古代ケルト十字法を使ったサンプルリーディング

これは、私が、ジェーンという少女に与えた実際のリーディングである。彼女は、マリファナを吸った事で、法律上のトラブルを2回起こした。リーディングの時、彼女は、デパートの販売員として2ヶ月働いており、自分の法律上の揉め事に懲りているように見えた。

ジェーンは、彼女自身を表すものとしてカップのページを選び、心の中で質問をした。「これから6ヶ月間に何が私に起こるのでしょうか？」

最初の10枚が図形に従って、十字と棒のデザインに並べられた。まず行ったのは、大アルカナあるいは、何か1つのスートが優勢になっているかどうかの確認だった。カードは、事のほか等分に分かれていた。2枚のワンド、2枚のソード、2枚のカップ、2枚のペンタクル、そして2枚の大アルカナだったのだ。私は、注意深くそれぞれのカードを調べ、台上の位置の意味をそれに関連付けようとした。

位置1：ソードの10が、質問者のカードを隠した。この位置は、質問をとり囲む状況を示す。この場に於けるソードの10の意味は、破綻、悲痛、苦悩、悲嘆である。この意味は確かに、過去においては真実であった。というのは、ジェーンは、学生寮から追い出され、後にカレッジにいる時に捕まった。彼女は、自分の家族と同じように、この試練の時の間、悲痛と悲嘆を経験していた。

位置2：これは、1番と対立する力のカードである。このカードは十字に置かれているが、常に正位置として読む。この場合、カードはカップのエースであった。エースはいつも開始を意味し、カップは愛と豊かさの始まりを意味する。最近のトラブルにもかかわらず、ジェーンは、愛と豊かさにとり囲まれた新しく、面白い生活を持つ事ができるようである。

位置3：既にジェーンの経験の一部となったものである。この位置には、熟練工のカード、ペンタクルの3があった。ジェーンは素晴らしい芸術科の学生であり、一時は画家として将来有望であった。

位置4：今過ぎたばかりの影響である。剣のナイトがこの位置にあったが、これにはたくさんの意味がある。性急な青年を示すとも考えられるが、よく考えた後、闘争と破壊の意味を選んだ。それは、この位置では、彼女の生活から出ているものを示しているだろう。

位置5：この位置は、ジェーンのこれからの人生に起こるかもしれない影響を示す。ここには、実に素晴らしいカードの愚者があり、全ての可能性へと向いている。エースのカップの影響も思い出し、愚者は、新しい始まりを受け入れるべきか拒むべきかの選択を意味すると感じた。

位置6：将来に作用する影響を示す。ここには、カップの2があった。これも新しい始まりのカードである。恋愛の可能性があるだろう。そして、必ずジェーンの人生に調和をもたらす者との深い友情がある。

位置7：（棒の一番下のカード）これは、質問者の恐れの位置である。そこには、企ての始まりや、創造のワンドのエースがある。最初は、矛盾しているように見えた。しかし、恐らくジェーンは、創造的な企てを試みた場合に、失敗するのではないかと心配していたのだろう。彼女は、もう一度試して、失敗するのを恐れているようだ。

位置8：この位置は、なされた質問について、他者が質問者についてどう思っているかを示す。この場合は、ジェーンの家族と友人である。法律的な紛糾と、過度な厳しさを意味する正義の逆位置が位置8にあった。弁護士たちは、ジェーンをどうしても刑務所に入れないようにしなければならなかった。一方、彼女は、リーディングの時、まだ執行猶予の状態にあったので、自分の上に課された制限が、厳しすぎると感じたのであろう。

位置9：この位置は、質問者の希望を語る。ここに置かれたカードは、ペンタクルの5であった。そこで、私はこれについて、自分の未来について良い兆候があるにもかかわらず、ジェーンがそれにあまり大きな希望を抱こうとしてはおらず、これからの数ヶ月間を、孤独と物質的な困窮の時と見ていると解釈した。

位置10：これは最終結果である。他のカード全てが導いてきたものである。ここには、障害と延期を示すワンドの9の逆位置があった。彼女の近未来に関する否定的な態度の結果とも言えよう。配列の中の良いカードは徹底的に良かった。2枚のエースは、可能性に満ちた新しい始まりと、共に企画し分かち合う友だち、あるいは恋人を示し、愚者は、無限の可能性のカードである。

ジェーンへのアドバイスは、配列の良い面に集中し、彼女の道にやってくる幸運にもっと信頼をおくようにという事だった。私は彼女に、愚者によって導かれるように忠告した。愚者は、無分別な選択を警告している。全体的には、タロットは、将来の良い可能性を示しているように見えたが、ジェーンは、次の事を理解しなければならなかった。つまり、もっと楽観的になり、肯定的で建設的な可能性を選び、過去に辿った破壊的な道へ行こうとする衝動を捨てるよう学ぶ事であった。

図形 2
ホロスコープ法

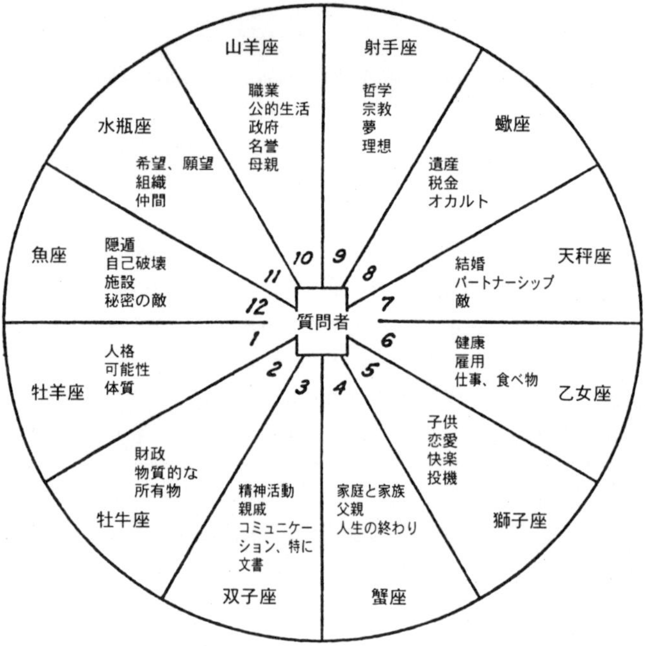

質問者
1
人格
可能性
体質
牡羊座
2
財政
物質的な
所有物
牡牛座
3
精神活動
親戚
コミュニケーション、特に文書
双子座
4
家庭と家族
父親
人生の終わり
蟹座
5
子供
恋愛
快楽
投機
獅子座
6
健康
雇用
仕事、食べ物
乙女座
7
結婚
パートナーシップ
敵
天秤座
8
遺産
税金
オカルト
蠍座
9
哲学
宗教
夢
理想
射手座
10
職業
公的生活
政府
名誉
母親
山羊座
11
希望、願望
組織
仲間
水瓶座
12
隠遁
自己破壊
施設
秘密の敵
魚座

ホロスコープ法

このタロットの読み方は、占星術の勉強をした人々の好みに合うだろう。なぜなら、彼らは、平均的な読み手より、かなり多くの類似を見出すからである。しかし、そのような特別な知識が無い人にも、簡単な方法だと思われるであろう。

通常、次のように始める。質問者はカードをシャッフルし、カットする。それから、読み手は、カードを取り、最初のカードを表にして、第1ハウスに置き、2枚目のカードを第2ハウス、というように第12ハウスまで続ける。そして、13枚目のカードは、質問者のカードであるが、このホロスコープの「支配者」の役目を負って、円の真中に置かれる。

各ハウスには、人生の各部門が割り当てられ、私たちの世俗的な資産と経験が分配されている。それらを下記に表にしたので、それぞれのハウスに置いたカードを解釈する時に、参照する事ができる。

ソーラーハウス	支配星座	占い上の意味
1.	牡羊座	牡羊座は、子供時代を始め、全ての始まりを特徴づける。質問者の容貌、性格、さらに、世間での態度、可能性を割り当てられている。
2.	牡牛座	これは、保存し、建設する星座である。財政的な事柄や、有形資産に関係する。
3.	双子座	これは、似た考えによって人々を結び付ける精神的な星座である。親戚、近所に割り当てられている。また、コミュニケーション、手紙、選択肢、記述、短い旅でもある。

4.　蟹　座　第4ハウスは、深夜の時点で始まる。従って、これは、全ての終わりを割り当てられている。古い時代、お年寄り、両親、そして家庭と環境である。

5.　獅子座　心を支配する獅子座本来のハウスである。恋愛、子供、興奮を引き起こす事柄、演劇やギャンブル、投機である。

6.　乙女座　このハウスは、仕事、雇用、食物、衛生、質問者の全体的な健康を規定する。

7.　天秤座　このハウスは、結婚とビジネスパートナー、公衆との取引、訴訟、公然たる敵を特徴づける。

8.　蠍　座　死、遺産、保険証書を規定する。さらに、パートナーのお金、セックス、オカルトの経験でもある。

9.　射手座　法律、哲学、そして宗教を規定する。また、夢、心霊的な経験、長い旅、外国でもある。

10.　山羊座　職業、昇進、名声である。また、出自、社会的地位でもある。政府に関係する。

11.　水瓶座　このハウスは、これまでに得た友人たちを特徴づける。属しているグループやクラブでもある。自分の職業から稼ぐお金、雇用主の財政状態をいくらか規定する。希望、願望、抱負でもある。

12.　魚　座　表現力を制限する見えない限界。秘密、秘密の敵、自己破壊。このハウスは、施設を規定する。

質問者の身体と魂の根本的な強さと弱さである。

例として、カップの2が、配列の中で、心と愛を支配する第5ハウスの獅子座にあったとする。カップの2は、恋愛か新しい友情を意味し得る。この場合、恋愛と読むべきである。もし、これが第11ハウスの水瓶座にあったら、恐らく、クラブや組織で得られた、新しい友情という意味になるだろう。というのは、第11ハウスが、友情と組織に関係した事柄を意味するからである。

他の例は次のようである。投獄、疑惑、恥辱を意味する剣の9の逆位置が、第12ハウスの魚座にあった場合、質問者は、刑務所にいたか、そこへ短期に行く事になるという意味になろう。これが、始まりと子供時代を規定する第1ハウスの牡羊座にあった時は、親が刑務所にいたか、質問者にとって何らかの恥ずかしい状態にいた事を示すだろう。

ホロスコープ法によるサンプルリーディング

(このリーディングで触れた12枚のタロットカードを選び出し、適切な順序で大きな輪にそれらを並べると、このリーディングを追っていくのは、もっと楽になるだろう。)

アーサー・B氏は、カレッジの教授で、この夏、東部を訪れていた。そして、ある夜、私たちに会いに来た。私がタロットについて新しい本を書いている事を知ると、彼は、私に自分のカードを読んでくれないかと頼んだ。彼は南部のカレッジから、西岸のカレッジへ移転するところで、今度の学期の間、彼に何が起こるか知りたいと切望していた。

私たちは、ホロスコープ法に決め、彼を表すのに、カップのキングを選び、テーブルの真中に置いた。彼がカードをシャッフルし、カットした後、私は、上から12枚のカードをパックから取り、それを輪の形に置いた。最初のカードは牡羊座に、2枚目は牡牛座にというように続けて行った。出てきたカードは次の通りである。

牡羊座——ソードのキング
牡牛座——ソードの8
双子座——吊るされた男
蟹　座——力逆位置
獅子座——ソードのナイト
乙女座——ソードの7逆位置
天秤座——カップのページ
蠍　座——ワンドの5
射手座——カップの3逆位置
山羊座——カップのナイト
水瓶座——ペンタクルの5逆位置
魚　座——ペンタクルの7逆位置

一般的に、人格、利己心、世間での態度とされている第1ハウスの牡羊座には、ソードのキングがあった。これは、質問者の人格のハウスであるが、彼はソードのキングの説明に合ったタイプではなかったので、彼が心の中で、そのような類の人格になりたいと大いに思っているか、「賢い男、役立つ考えに満ちた助言者」になりたいと考えていると解釈した。

財政的な事柄の第2ハウスの牡牛座には、ソードの8があった。ここでの目隠しをされ、剣に囲まれている女性の姿は、本人の財政が少し制限されているのを示しているかのようだった。彼は、前の職で良い給料を得ていた。そして、これから行くカレッジでもさらに良い給料を得るはずであった。しかし、彼は何らかの不適当な投機をし、それが今彼を困らせているのだろう。

知性とコミュニケーションの双子座の第3ハウスには、吊るされた男がいた。このカードは、精神的なカードであるとも言えるが、アーサーの質問は、実践的なレベルのものだったので、このカードは、彼の知的職業と執筆活動に邪魔が入るという意味に取った。西部のカレッジに自分がどうやって合わせていくだろうかという心配に加えて、教える事の負担が、彼の教職以外の、創意工夫への妨げとなったのであろう。

第4ハウスの蟹座は、家庭環境、家事、家柄、人生の終わりに於ける状況のハウスであるが、ここには8番の力逆位置があった。アーサーは独身で、現状の家庭生活が無い事から、カードの意味は次のように思われた。子供の頃、彼の家庭では、物質的な事を強調したので、後年、彼自身が物質面に関心を向けたのだった。

恋愛、官能から生じる楽しい感覚、そして投機のハウスである第5ハウスの獅子座には、ソードのナイトのカードがあった。これは、黒髪の青年で、強く横柄である。私は、このナイトが既にアーサーの人生にやってきており、そこには何らかの感情的な愛着があると感じた。ここは投機のハウスである事から、友人の支配の元に、アーサーが、自分を財政的に束縛し続ける、投機的な性格の投資をさせられていたのだったと推測した。

健康問題、雇用、仕事と食物のハウスである、第6ハウスの乙女座には、ソードの7の逆位置があった。これは、スプレッドの中で4番目のソードである。そして、多くのソードとは、確実に何かのトラブルを意味する。だが、ここでは、カードは、逆位置にあったので、アーサーから良いアドバイスや助言が配下の者に与えられ、その代わりに、アーサーも教える仕事の準備を助けられるという意味だった。

（訳注22）

第8ハウスの蠍座には、遺産、税金、死、非現実的な経験に関する事柄を見出す。カードは、ワンドの5であった。カードとそのハウスの対応星座をペアにし、全体のリーディングの意味に調和するよう、カードの意味をどう対応星座に結び付けるかを決めるのは、いつも読み手である。私は、親戚の死がアーサーに遺産をもたらしたが、彼がそのお金を得る前に訴訟があると判断した。

第9ハウスの射手座には、長旅、宗教、理想主義、哲学と高等教育を見出す。カードは、カップの3逆位置だったが、肉体的な享楽の過剰を示していた。ある意味で、アーサーは、自分の哲学と理想主義を、彼の官能的な肉欲の要求と上質な食べ物と物質的な所有物への愛に合わすために、堕落させていた。

第10ハウスの山羊座は、職業、賞賛、野望、昇進である。ここのカードは、カップのナイトであった。これは、恐らく、アーサーが、教職面で、卓越した地位へ昇進するのを助ける若い同僚であろう。

第11ハウスの水瓶座は、友人、希望と願いのハウスであるが、ペンタクルの5逆位置があった。この位置では、このカードは、良い交際という意味である。水瓶座と組むと特にその意味になる。

第12ハウスの魚座は、予期せぬトラブルや、限界、自己破壊、秘密の敵である。カードは、金銭に対する心配の原因、苛立ちを意味する、ペンタクルの7逆位置であった。こうして、ここでも金銭についてのトラブルが生じた。そこで、私は、アーサーに、友だちにお金を貸したり、悪い投資をしたとしても、あまり心配しないように警告した。

アーサーについての総合的なホロスコープのリーディングは、彼が、新しい職場で、友だちに出会い、昇進する事を示しているように見えた。第5ハウスの獅子座にあったソードのナイトは、悪化しそうで悩んでいる金銭問題に、彼を巻き込んだ者であろう。だが、一般的な見解としては、良いものであった。カードは来年の成功を予言していた。

エジプシャンタロット。これらのカードは、現在カルフォルニアの光の教会で作られており、「聖なるタロット」の中でC.C.ザインに使われている。愚者は、ここでは若者だが、棒で2つの袋を運んでいる。一匹のワニらしきものが、壊れたオベリスクの上にいる。(このカードは22番である) 塔では、人々がピラミッドから落ちている。吊るされた男は、エジプト人風だが、ウェイト版とほとんど同じである。カップのキングは、片手にカップを、もう片手にハートを持っている。

図形3
生命の木法

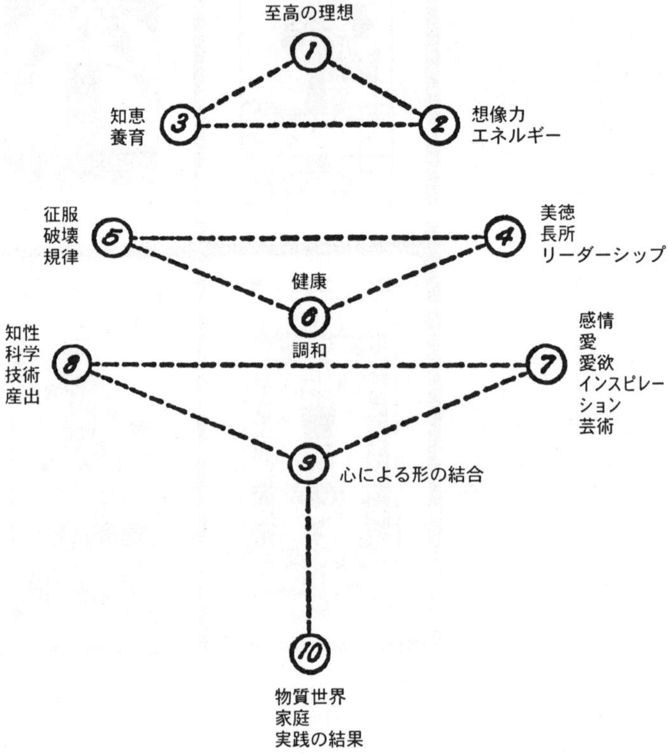

至高の理想
1
2
想像力
エネルギー
3
知恵
養育
4
美徳
長所
リーダーシップ
5
征服
破壊
規律
6
健康
調和
7
感情
愛
愛欲
インスピレーション
芸術
8
知性
科学
技術
産出
9
心による形の結合
10
物質世界
家庭
実践の結果

生命の木法

生命の木法のスプレッドは、恐らく最も完全なカードの配列の方法であるが、前著「啓示タロット」の中で扱った。図形3と、タロットとカバラの章にある図形4と比べると判るように、生命の木の配列は、カバラの生命の木から取ったものである。私たちは、木を3つの三角形に分ける。1つ目は上向きで、霊的、精神的性質を示している。2つ目と3つ目の下向きの三角形は、もっと物質的な面を表している。また、私たちは、三本の柱や三本の枝を覚えておかなければならない。右側の枝に置いたカードは、慈悲と思いやりを持って読まれるべきである。一方、左側の枝にあるカードは、厳しさを持って読まれる。例えば、悪いカードが、3、5、8にある場合、読み手は、批判的になるべきで、少し叱り気味になる事もあるだろう。真中の枝に置かれたカードは、調和の精神から読まれる。

（占いの技術を経験した者は、質問者に対して選んだカードをパックの中に残し、全部のカードを使って、完全な生命のリーディングを試みてもいいだろう。この生命の木法では、7枚のカードが木のそれぞれの番号に置かれる。残りのカードは片隅に置かれ、ダートパックと呼ばれる。この方法のリーディングには、午後中、あるいは夕方一杯が必要だろう。カードが三回配られるからだ。一回は過去、一回は現在、さらに三度目は未来についてである。完全な生命の木法は、いかなる質問者にも年に二回以上行ってはいけない）

カードの並べ方の指示

質問者に対して、コートカードを1枚選ぶ。このカードは、片隅に置くか、デッキの中にもう一度戻す。デッキの中に戻したコートカードがスプレッドの中に現れた場合は、それが生命の木のどの位置にあり、質問者に対してどういう意味になるか、特に注意を払って見るようにするといい。

質問者は、いつものように心の中で質問しながら、デッキをシャッフルする。それからカードはカットされ、3つの三角形上に置かれる。10番が木の幹になっている。その後、次の7枚のカードを数え脇に置く。（訳注23）これがダートパックである。ダートパックは、リーディングの残りが終わってから、表にし、読まれるべきである。

カード1——質問者の至高の理想。
カード2——質問者の創造力。「父親のカード」
カード3——質問者の知恵。理想を形にする能力。

三角1 精神性 至高の理想

カード4——美徳、長所、築き上げる能力。
カード5——力、征服、破壊への傾向。
カード6——健康、美、他者のために犠牲になる傾向。

三角2 質問者の知性と倫理の本質

カード7——愛、本能、芸術、愛欲。
カード8——産出、技術、科学、デザイン。
カード9——想像、サイキック（心霊的）な感覚、工学。

三角3 欲望。統制と制御の能力

カード10——質問者の肉体と地上での故郷《ふるさと》。

生命の木法によるサンプルリーディング

このリーディングは、次の2つの理由から選ばれた。まず、これは1年以上前に行われたので、カードが正しく占ったかどうか判断できる。次に、質問者のパトリシアは、三十代半ばの既婚者で、最初のリーディングの古代ケルト十字法を行ったティーンエージャー及び、二番目のホロスコープ法を行った独身男性と対照的だからである。

パトリシアは、背が高く、黒髪で、きれいというか、目の醒めるような美人であった。そして、殆どの事を笑って受け止めていたが、その裏に悲しさと憂いが感じられた。私たちはパーティーで出会ったが、翌日、彼女から電話が来て、リーディングしてくれるよう頼んできた。彼女は、自分には問題があって、きっとタロットが助けてくれるに違いないと言った。

私たちは、生命の木の配置を用いた。私は、パトリシアに、自分の質問を私に言わないで、カードをシャッフルしながら、質問を心の中で尋ねるように言った。質問者を表すのに、ソードのクイーンが選ばれ、脇に置かれた。

1. 節制
2. ソードの5
3. ペンタクルの4逆位置
4. ワンドのクイーン逆位置
5. 塔
6. 月
7. カップのキング
8. ペンタクルの3逆位置
9. カップの2逆位置
10. 星

（7枚のダートパックは、上記のカードを限定し、補足するために用いられる。ダートカードは、一列に並べ、右から左へ読む。ここには、ソードのキング、剣の6、ワンドの10、力、ソードの2逆位置、カップのエース、ワンドの2がある）

1番：節制が生命の木の一番上、至高の理想の位置にある。これは、パトリシアが、何かを生み出す者になりたいと願い、周りの者を選び、支配したいと思っている事を示している。彼女には、鋭く回転の早い頭脳があり（ソードのクイーン）、これを使って、自分の欲するある種の世界を創り出すのに役立てようとした。

2：私はパトリシアに、「ここのソードの5は、あなたを取り巻く人々の人生を管理するのが、空しい勝利かもしれないという意味です。事によると、あなたは、不満を抱いているのですね」と言った。

3：「ペンタクルの4逆位置です。これは、知恵と母親の創造的な力の場所にあります。あなたの物質的な野心につまずきがあります。あなたは、必要以上にお金を費やして物事を押し進め、あなたの意志に他者が従うための計画を進めてきたようです」

4：「ここは、長所と築き上げる力の場所です。しかし、これに相反して、ワンドのクイーン逆位置、つまり、あなたに対立する金髪で青い目の女性がいます。欺瞞と嫉妬があります」パトリシアはうなずいた。「そうです。その女性の事を知っています。彼女は、主人の事務所で働いているのです」

5：「ここには、ゲブラーの破壊力があります。カードは塔で、厳しさの柱にありますので、遠慮無く判る事を話さなければなりません。塔は、あなたの生活方法の変化を示しています。今後、精霊があなたの道を照らすでしょう。物事を動かしたり、壊したりするあなたの現在の方法は終わります。金髪の女性が、ご主人をあなたの元から去らせようとするかもしれません」

6：「これは、他の全ての波動を引き出す太陽の場所です。ここには、健康と恐らく犠牲もあります。カードは月で、直観の潜在力の開示を意味するとも言えます」私は、彼女にサイキック（心霊的）になりやすいか聞いた。彼女はちょっとそう思うと言った。「それでは、この能力を、カードがあなたに言おうとしている事を理解するために使ってください。直観と想像力を用いてください。今までのカードが描いた状況を訂正してください。そうすれば、多くのトラブルを避ける事ができるでしょう」

7：「カップのキングが愛、愛欲、芸術の場所にあります。このカードは、ご主人のようですね？」「そうです。そう思います。彼は、ニューヨークの広告会社のアートディレクターです」
「私が思うには」と彼女に言った。「元々、彼は大変親切で寛容な男性で、しかもかなり才能がある方ですね」

8：「ペンタクルの3逆位置が、知性、デザイン、技術と産出の場所にあります。ペンタクルの3は、熟練工のカードですが、ここでは逆位置です。意味は、彼が、自分の仕事で全力を尽くしていないという事です。彼の仕事ぶりは平凡ですが、もっとよくできるはずなのです。あなたとワンドのクイーンの間で彼の愛情が引っ張られ、彼を引き裂こうとしています」

9：9番では、他のカード全部の意味が、一緒になります。そして、私たちには、最終結果がどうなりそうか判ります。ここにはカップの2逆位置があります。これは、パートナーシップが壊れる可能性を示しています。あなたの結婚が壊れるか、ご主人が職場から解雇される事を意味しているようです。あるいは、両方を意味しているかもしれません。あなた次第で、あなたの潜在的な直観力を使ったり、自分のやり方を変えたりする事ができます。そして、あなたには、ご自分の結婚を、破滅の縁から取り戻す事ができるでしょう。あなたの態度は、極めて物質主義的で、あなたを喜ばせようとして、ご主人は、あなたの同意を得るために、芸術的な品位を犠牲にしてきたのでしょう」

10：「これは木の最終的な場所です。肉体と地上の故郷《ふるさと》を表します。ここのカードは希望と勇気のカード、星です。多分、少しスピリチュアルな事を利用すると良いでしょう。人生の真の意味について、祈り、瞑想するのです。真摯になって、ご主人を、養ってくれる人という以上に理解すれば、あなたは救われると感じます。ご存知の通り、彼はカップのキングなので、感受性が強いのです。愛、優しさと気遣いが、彼にとって大きな意味なのです。このカード、星を手に取って、瞑想の章で提案しているように、瞑想してみましょう。そうすれば、決定的に良い変化が現れます」

ダート、あるいは限定パックには、次のカードがあった。
１．ソードのキング。
「彼は、恐らく古くからの家族ぐるみの友人で、弁護士、あるいはあなたが信頼している人でしょう。その人は、あなたとご主人の仲が戻るように、役立つ考えをもたらしてくれます」

２．ソードの６。
「このカードは旅行を示しますが、あなたの場合は、意識内での旅を示しているのではないかと思います。その家族ぐるみの友人が、あなたの訴訟を弁護するために派遣されるとも言えます」

３．ワンドの10。
「困難な待機の時期があるでしょう。しかし、復讐しないように警告します。お子さんはいらっしゃいますか？」と私は尋ねた。
「ええ、8歳の女の子です」
「彼が会いたいと思っているのに、あまり彼女と会わせない事で、ご主人を罰しないでくださいね」

４．力。
「ここで、あなたは道を示されています。あなたの高次元の性質を信じ、精神力が物質を克服するという事を学ぶ事によって、精神的な愛が冷淡さに打ち勝つ事を理解し、満足できるはずです」

５．ソードの２逆位置。

「あなたがこのタロットリーディングから教訓を得るなら、現状からの解放があり、事態は、復縁へと向かい始めます。しかし、ゆっくり行かなければなりません」

6．カップのエース。
「これは、大変良いカードで、霊的な源から育成された豊かな愛と喜びを意味します。このカードは、あなたとご主人が元通りになるだろうと言っています。また、繁栄のカードでもありますので、もう一人お子さんができても、あんまり驚かないでください」

7．ワンドの2。
「あなたは、このカードの商人のように、できる事は全て行いました。今は、優美に待ち、創造的に瞑想する時です。そうすれば、この状況は、全員に一番利益をもたらす事になるでしょう」

パトリシアは、明らかに私のリーディングから少しショックを受け、かなり急いでその場を去った。私は、1年も経たない内に、美術展で彼女に再会した。彼女は友だちを置いて、暖かい微笑みを浮かべながら挨拶にやってきた。「全て順調です」と、彼女はささやいた。「主人と私は元に戻りました。そして、カードは正しかったのです。私には、もう一人赤ちゃんができるんです」

定義のまとめ

占う時に便利な参考として、下記に各カードの短い説明を載せた。

大アルカナ

0	愚者	選択が与えられる
1	魔術師	創造的な力
2	女教皇	隠れた影響
3	女帝	物質的豊かさ、繁栄
4	皇帝	リーダーシップ
5	法王	社会的慣習による規律
6	恋人たち	2つの愛の間での選択
7	戦車	感情を理性で制御する事
8	力	憎しみに対する愛の勝利
9	隠者	与えられた知恵
10	運命の輪	人生の起伏、幸運
11	正義	平衡、法的な問題
12	吊るされた男	高次元な知恵に対する自己放棄
13	死神	変化、刷新
14	節制	適応、調整
15	悪魔	誘惑、物質への屈従
16	塔	利己的な野望をひっくり返す事
17	星	健康、希望、霊感
18	月	欺瞞、目に見えない危険
19	太陽	到達、解放、結婚
20	審判	霊的な目覚め
21	世界	全ての企てでの勝利

小アルカナ

[ワンド]

エース	財産あるいは家族を作り始める事
2	仕事での成功
3	パートナーシップ、援助が得られる
4	ロマンス、収穫、家庭
5	闘争、競争
6	成功、良い知らせ
7	困難な状況での勇気
8	素早い行動、旅、メッセージ
9	問題を克服する力
10	苦痛に試されている心
ページ	若い恋人、メッセンジャー
ナイト	性急な青年、水路の旅(訳注 24)、問題の始まりか終わり
クイーン	家庭と自然を共に愛する金髪の女性 正直で、実践的である
キング	権威のある既婚の金髪男性、献身的な友人

[カップ]

エース	愛の始まり、喜び、繁栄
2	恋愛、深い友情
3	健康、豊かさ
4	不満、再評価
5	後悔、楽しい事を拒む事
6	幸せな思い出
7	砂上の楼閣
8	現状の放棄
9	物質的な豊かさ(願望実現カード)
10	幸せな家庭生活
ページ	魅惑的な少年または少女、勉強熱心で、親しみやすい
ナイト	ロマンチックな青年、申し込みや招待をする

クイーン	直観のあるロマンチックな女性、良き妻であり、母である
キング	信頼のおける、ビジネス、法曹、宗教関係の男性

[ソード]

エース	征服、勝利
2	釣り合いの取れた力、優柔不断
3	悲しみ、別離
4	孤独、良い方向への変化
5	空しい勝利
6	水路での旅、困難が無くなっていく
7	計画は失敗するだろう
8	束縛、制限された環境
9	荒廃、他者に対する悲しみ
10	不運、痛み、荒廃
ページ	活動的な若者、または乙女、心を乱すメッセージ
ナイト	勇敢な青年、守備や攻撃に素早い、物事の始まりか終わり
クイーン	強い性格を持つ、褐色の髪の女性、財産の事に熟知している
キング	軍事的、あるいは市民的な権威を持つ褐色の髪の男性

[ペンタクル]

エース	繁栄の始まり、富
2	2つの状況を一度に処理する事
3	熟練工：芸術と科学での技量
4	遺産、しっかりと持った物質的な所有物
5	孤独、貧困
6	慈悲、貰ったばかりの贈り物
7	成長の途中での中断
8	徒弟制度、少しの技術、将来の雇用
9	富者の孤独な楽しみ
10	地位のある富んだ家族、相続
ページ	勤勉な少年、または少女、喜ばしい知らせ

ナイト	黒髪で几帳面な青年、辛抱強く、責任感がある
クイーン	黒い目の黒髪の女性、知的で思慮深く、富を惜しげなく使う
キング	産業の長、数学的な才能、寛大さ、愛情

6
タロットと瞑想

タロットの目的は、人間と無限知の間に霊的な道を再開する事です。そして、人間自身の魂に高度な意識の活動拠点を創り出す事です。無知や不和、恐怖は、この内的な源へ近づくのを妨げる障害です。私たちと無限知の関係の真実を学ぶ事は、自由になって、思いのままにその道を旅するという価値ある経験を楽しむ事なのです。

意志を用いる最も重要な理由は、心を高次元なものに留めておくという事です。私たちは、通常、**意志**を、色々な選択肢の中で選択する時に用いる力だと思っていますが、現実には、私たちは、過去の経験がこれは魅力的だと言っているものを無意識に選んでいます。**霊的な意志**が、この動きを妨げる場合は、感情が優勢になろうとし、私たちは、自制を失う事になると言われています。

ある者が手におえない激怒に捉われた時、明らかに感情が制御できなくなります。そして、反対に、外に表したら、手の施しようが無くなるのを恐れて、ある者の感情が、深く抑制される場合もあるでしょう。しかし、それほど判りやすくないのは、心のコントロールが無くなる事です。そのような場合、心は、先入観に合わないデータを全て投げ捨てます。これが、多くの「しっかりした不可知論者」の状態です。彼らは、対極にある者、つまり、感情的な欲求不満から宗教的狂気を表現した福音伝道者ほど、「知的誠実さ」を賞賛されません。

実践的オカルト主義者の目的は、心に使われるのではなく、心を鍛え、心を使う事ができるようになる事です。想像力もコントロールされ続けなければなりません。なぜなら、想像力を自由に任せていると、歯医者の診療の予測というようなささいな問題でさえも、過剰な心配を引き起こすからです。

心に力が到達するための基礎的な要素は、注意力のコントロールを学ぶ事、つまり、思惟の小さな領域に意識を集中させるようにする事です。この集中力は、本当に、どの企てを成功させるのにも必要な要素です。自発的な注意力は、**意志**の行動によって成り立ちます。ある方向への強い目的意識があると、私たちの興味と注意はそちらを向きます。1つの主題に絞って注意を保ち続ける練習を繰り返すと、私たちの集中力は高まります。

意志によって、精霊を地上で感じる事ができます。というのは、しっかりとした基盤を持ったひたむきな**意志**に逆らえるものはないからです。たくさんのキリスト教殉教者の事を思い起こしましょう。彼らは、一番ひどい拷問の折に、自分の信念を守ったのです。また、ガンジーの事も思い浮かべましょう。彼は、精霊の意志によって、インドが英国の統治から放たれるまでしっかりと踏みとどまったのです。

タロットとカバラは、どちらも西欧のオカルト主義の形ですが、その学習者は、生命の木と、関連のタロットの象徴に瞑想の時間を割くのが有益だと感じます。まず、潜在意識に、強く、深く、生命の木の構造とその属性を刻み込む事が必要です。

オカルトの教師たちは、不用意にサイキック（心霊的）な作業を企てると、幻覚を引き起こしたり、不要な娯楽になったり、行き詰まったりしがちだと警告しています。従って、生命の木のような宇宙の象徴主義をしっかりと理解するまでは、瞑想のみを行うのは止めた方がいいでしょう。

初心者には、次の事も警告されています。受動的だったり、否定的な気分の時には、絶対に自分自身を瞑想にさらしてはいけないという事です。例えば、自動書記（訳注25）は危険です。なぜなら、あなたが、強い力や能力に受動的なまま、それが為されてしまうからです。あなたは、それに向かって自信を持っていなければならず、それに対して岩のように不動でなければならないのです。あなたの頭を空っぽにして、何でも中に入れるのは、危険な練習です。これは、断固として避けなければなりません。

さて、これまで警告をしてきましたが、今度は瞑想から生じる利点を幾つか述べます。私たち自身を内なる魂に同調させたまま、心身の全箇所に必要な生命力の流出を増やします。そうすると、私たちには、とてもたやすくその日の勤めを終える事が判ります。瞑想は、楽しい儀式、精神的な休養の時間、経験を外的な印象の代わりに、内的な知識に従って再編し、再分類する機会となります。学びの試練をくぐり抜ける愚者の旅を、私たちの現状に応じて理解する事ができます。また、私たちの注意を引く不滅の価値は、私たちが道を進む時に勇気をくれます。心の高次元への到達を邪魔するもの全ては、徐々に分解し、直観は正常な意識と結び付き、有効となります。

瞑想を行うには、そのための場所と時間を必要としています。誰も邪魔しない静かな部屋、1日1回の定刻といったものです。潜在意識は、習慣からもたらされます。長椅子やベッドに横たわりながら、瞑想しようというのは良い考えではありません。というのは、居心地がいいと、眠りに落ちそうになってしまいますが、瞑想は、心の中の注意深さを必要としているからです。

意識的に一連の考えに注目し続けるという訓練では、1枚のタロットが選ばれ、その象徴や意味は、頭の中で検討されます。理性がその象徴を説明するために全力を尽くしたら、ゆったりと息をして、少しずつリラックスし、次のように言います。「今、私は、このタロットカードに対して持っている知識を、顕在意識から解放しました。そして、全叡智の領域へ上昇し、その内的な意味を示すように頼みます」それから、静かに座り、宇宙の叡智への経路となるために備えます。

潜在意識は、絵と象徴で考えます。例えば、タロットカードを瞑想に利用すると、宇宙的な象徴に満ちた絵があなたの前に置かれます。深い無意識は、既に象徴に親しんでいるので、きっかけを与えながら、心の表層に象徴をもう一回浮かび上がらせます。象徴は、心の足場のように振る舞います。ですから、象徴から不滅の掟まで、思考が論理的にふらつかないで進む事ができるのです。そして、掟と象徴の関係に気づく事によって、私たちは、理解力を高めるのです。

瞑想は、宗教やオカルトの信奉者に、独占的に与えられた経験ではありません。これは、自己開発用の普通で意識的なプロセスなのです。しかし、瞑想は、注意力と集中力を持ち、心を安らかにして、霊感経由で理念が超意識に届くようにしなければなりません。瞑想の技術では、神秘家とオカルト主義者は、100回失敗したとしても、しっかりとした、たゆまない努力に身を捧げているのです。

思考は現実です。そして、宇宙的思考は、それ自身を調和の取れた生命に変えます。友人たち、家庭、全ての物質は、波動の法則に反応し、それらを照らすよう作られた内的な調和を反映します。

女教皇を例にとる

瞑想するのに、あなたの気に入ったカードを選んでください。そして、カードが何を意味するのかを大体調べ尽くしたら、続けて次のカードを調べてください。私は、例として使うのに、女教皇を選びました。しかし、このカードが、他のどれよりも瞑想に向いているからというわけではありません。

女教皇は、潜在意識、本能、感情、記憶を表しています。それらは、私たち個人の過去だけでなく、人類全ての過去に属するものです。潜在意識は、6番の恋人たちで明らかにされているように、超意識、すなわち私たちの**神聖なる自己**と関わっています。恋人たちでは、顕在意識を示す男性は、潜在意識を表す女性を見つめており、女性は、超意識の天使を見ています。私たちは、神聖なる内部を探索するのに、潜在意識を無視する事はできません。そして、これは私たちの瞑想にうってつけの主題なのです。

女教皇は、2本の柱の間に座っており、肯定的な力と否定的な力のバランスを取っています。後から出てくる悪魔は、女性と男性の象徴を持っています。これもまたバランスです。女教皇の胸にある太陽の十字架は、同じ考えを繰り返しています。つまり、縦軸の肯定的（男性的）な力は、横軸の否定的（女性的）な力と等しいという事です。双方が必要であり、双方が同じように重要です。後に出てくる生命の木の図形4で、築き上げる4番目のセフィロのケセドは、破壊する力である5番のゲブラーとバランスを取っています。これらの2つの力が、あなたの周りの世界で作用しているのが判りますか？　どちらの力も必要な事を知っていますか？

生命の木は、3つの柱に分かれます。左に峻厳の柱、右に慈悲の柱、その間に、2つの対立する力を統制する調和の柱があります。女教皇は、これらの柱の別のバージョンの間に座っていますが、真中の彼女の場所もやはり調和の位置です。半分隠れた巻物は、当然払うべき敬意を持って生命の神秘に近づく事をしない人々から守られている莫大な知識の蓄えを示しています。

このような象徴は、心が未知で未経験な道を進む時、心を支える手段になり得ます。また、それらは、細部から一般原則まで、休み無く心を支援する思考経路を繋ぎ合わせてくれます。潜在意識は、全面的に新しい考えを受け入れる事ができませんが、かつて得た何かに、新しい知識をいつも関連付けていると言われています。象徴や絵や図形は、思考が了解事項から、膨大な未知へ進んで行く際に、頼るための既知の概念を潜在意識に与えます。

意志を、困難を押しのけ、押し分けて世界を通るのに使うのではなく、私たちの心を霊の事柄に集中させるために使うと、私たちはもっともっと魅力的な人生を獲得するようになります。私たちの幸福が、予期せぬ経路から私たちに流れ込みます。

タロットで瞑想すると、私たちは、生命の変革と全ての顕現の背後にある知を理解し始めます。この知を私たちは神と呼んでいるのです。私たちは、現実世界では、分解する力（ゲブラー）と築き上げる力（ケセド）が必ずある事を学びます。また、この2つはバランスが取れていなければならない事を習います。1つの種類に偏ったり、逆の方に傾き過ぎなければ、平衡がもたらされるでしょう。私たちは、死を生の必然の対極と見ており、各原子、各粒子に存在する神、すなわち生命力は、決して死なず、何度も何度も現れ、それ固有の無尽蔵の宇宙エネルギーによって、常に更新されていると考えています。

オカルト主義者になる事は、創造する小さな力を持つ「小さき神」になる事だと学びます。私たちは、自分たちの言葉を話す事ができます。そして、因果の法則の作用についての知識を最初に得て、それに伴って動く限り、その言葉は実現します。

オカルト主義者が、宇宙の法則にそむく事は絶対にありません。しかし、高次元の領域で、法則を使って、自分が選択した環境を、自分のために創り出す事を学んできました。彼は、生命の木の中心柱となり、プラスとマイナスの要素のバランスを取っています。それはまるで19番（訳注26）のカード、太陽の子供のようです。子供は、背後にある、二面性を持つ閉塞した町の壁に仕切られた庭から、ついに自分自身の超意識の広々とした未開拓の土地へ、馬に乗って進んでいくのです。

7
タロットを解明するオカルト思想のシステム

これから続く3つの章は、タロットと数秘学、カバラ、そして占星術との関係をそれぞれ論じるものです。これら三者は、形而上学の全領域にある、基本的な調和へもっと深く入っていきたいと願っている人々に紹介されています。時々、関連性は、少しぼやけていて、オカルト主義者は、これらを自分独自の理論に合わせるために、全力を尽くしているように見えますが、軽く退けるには、類似点は、あまりにも多いのです。

以上の理論を理解する事は、必ずタロットの知識を探求する者に役立つでしょう。要するに、タロットのように影響力のある哲学を、厳格な教条の束縛の中に閉じ込める事は、何者にもできないという事なのです。また、私たちが、このような知識の宝庫全てから、不思議なカードへの洞察力を豊かにし、発展させる理解力を引き出さなければならないという事でもあるのです。現代というのは、難解で抽象的な思考の領域全てへの関心が、空前のピークにあります。互いに高め合う、これらの思考を統合する基本的な核となる意味へ到達しようという試みは、わくわくする体験です。読者の方々もそのように思って頂きたいと願っております。

タロットと数秘学

「世界は数の力の上に建てられている」　——ピタゴラス

「全ての宇宙の起源は、数と幾何図形に基礎を置き、連結し、非常に密接に関係している」　——H.P.ブラヴァツキー

数字の起源を学ぶと、ヒンドゥ教徒の理念に行きつきます。ピタゴラスは、彼らから数字の知識を得て、数字を聖職者の聖なる科学と考えたと言われています。また、聖職者たち自身、数字を神々の直接の啓示であると宣言したとされています。

ヘブライ人も、数字を宇宙の力に関連させて、重要視しました。彼らは、文字と数字について新しいシステムを用いたわけではありませんが、実際には、ヘブライ文字は数字に基づいていました。文字は順序よく置かれ、宇宙の変化プロセスでの連続するレベルを示すような形を与えられていました。ギリシャ人とヘブライ人は共に、文字と数字の意味の間に、非常に密接な関係を表す証拠があると聖書の中ではっきり述べています。

元々のギリシャ語では、「Jesus（イエス）」は「Iesous」（ギリシャ文字には、「J」がありません）です。この名前は、数字の888と同等で、秘儀の伝授者にとっては、ギリシャの秘儀での「高次元な心」あるいは「神聖な心」を表します。ギリシャでの「死せる心」は数字の666です（ヨハネの黙示録で「獣」を参照）。

このように、数字を通じて私たちに語りかける普遍的な言語というものがあります。この言語への鍵は、象徴主義であり、人類の歴史を通してずっと変わらずにいる内的な感覚なのです。

数字は、数秘学で使われているように、十進法に基づいています。数字の10が最初のサイクルを終えると、二番目に20がやってきて、以後続きます。9個の数字、従って9つの根本的な影響がありますが、10個の別々の指標（ゼロを含む）があるという事になります。普遍的に認められた、アルファベット文字を数字に変換する方法は、通常「ピタゴラス的」方法と言われ、古代ギリシャ、ローマ、ヘブライのやり方に大変密接に関連していています。そして、英語のアルファベットにも取り入れられています。

数の名称は、アルファベットの順序に従っています。文字と数値の対応について、下記の表に示してあります

1	2	3	4	5	6	7	8	9
a	b	c	d	e	f	g	h	i
j	k	l	m	n	o	p	q	r
s	t	u	v	w	x	y	z	

15番目のアルファベット、「O」という文字は、表で6という値を与えられています。その理由は、15は6（1＋5＝6）に等しいからです。同様に、全ての2桁の数字は、足す事によって、一桁に減ります。

上記の表は、単なる数秘学には有効ですが、タロットの大アルカナカードは、9以上の番号が振られており、通し番号と出てくる数字の総計の意味を共に具体化しています。例えば、悪魔の15番は、後述する15のように、エロティシズムに関係しています。1と5が足されると6になり、悪魔を6番の恋人たちに関連させます。まず始めに、思考と行動を一番下のレベルまで持っていく事を勧めます。そうすれば、その後、私たちには、思考が超意識の領域にまで上るのが判ります。

十進法のシステムは、エジプトの聖職者によって神聖化されていました。彼らは、人類の神聖な教師からそれを直接受け取ったと宣言していました。宇宙と人類の進化全体は、1から10までの数字に描かれていると言われていますが、それは、見るべき目を持っている者だけに明らか

にされました。数字の10は、宇宙の聖なる数字であり、秘儀でした。つまり、1ずつ（訳注27）数えるシステムは、一般人のために取っておかれたのです。

数字とタロットカード

ご承知の通り、大アルカナには、1から21に0を加えて、22枚のカードがあります。多くの人々が、これらの数のついたカードを、22個のヘブライ文字に合わせて解釈しようとしてきました（これについては、タロットとカバラの章でもっと全体的に勉強します）。

ここでは、カードの意味を数字の意味と比べていきます。多くの場合、直接関係があるように見えますが、意味がそれぞれの数字に一致しないカードもあります。もちろん、この食い違いは、私たちが、大アルカナカードの元の順序をもう知る事がなく、それぞれに適当な番号を割り当てる事しかできないからでもあるのです。しかし、前述したように、タロットはそれだけでも成り立っており、数秘学、占星学、カバラに関わっていたとしても、そのどれからも直接の子孫ではないのです。

数字の 0 は、注意すべき最初の象徴です。というのは、ここから他の全てが発生するからです。それは、姿を現さない神、際限なく続く振動や波動の周期、始まりも終わりも無い、まだ未分化の生命力に関連しています。0は、果てしない宇宙と永遠に制限の無い時間も表します。タロットでは、0番の“愚者”は、この意味を背負っています。

数字の1 は、全ての数字の元になる単位の原則を示します。そして、姿を現さないものの最初の顕現です。それは、どんどん分かれて多様になる能動的な原則です。掛け合わせる事によって、それは他の全てを創り出しますが、無限にそれ自身を掛け続けても、常にその単位を保っています。数字の1は、唯一神、人間の統一、自我の力、独立独歩、品位、統治と同等です。また、魔術師の棒であり、意志によって事を成す人間の両手にある力です。従って、私たちは、数字の1が、どのようにタロットの1番、“魔術師”に関係しているかをたやすく理解します。

数字の2は、二重性の象徴であり、数字の1の父性原理から分離した母性原理です。今や1は、その能動的な要素と否定的な要素に分裂したのです。数字の2は、対立するペアを示します。例えば、善と悪、真実と虚偽、昼と夜、暑さと寒さ、喜びと悲しみ、男性と女性といったものです。タロットでは、2番の“女教皇”は、多くの場合、同じ意味を表します。

数字の3は、父、母と息子の三重性の番号です。それは、目に見える物全ての平衡、人類に染み渡る神の愛の磁力も象徴しています。数字の1と2の相互作用の振動効果であり、その結合の成果、すなわち息子あるいは、何でも生み出す事のできる物質宇宙です。このように、タロットの3番、“女帝”の意味は、数秘学での意味に対応しています。

数字の4は、物理的次元の番号です。4に対応する幾何学的な図形は、四角形であり、ピラミッドの底や、全ての形態の中で最も安定しているものです。様々な形の十字形が、4を象徴しています。なぜなら、精霊は、物質（地平線）に介入する時、垂線で表されるからです。さらにこの数字は、労苦が成就した事、つまり、数字の3で示された苦労や結合の成果に到達した事を意味しています。タロットの4番の“皇帝”は、同様に、堅牢な物質面を表しています。

数字の5は、1と10の間に立つ人を象徴しています。さらに五線星または五芒星は、頭を空に向け、腕と足を伸ばした人間を表します。頭を下にした逆五線星形は、混沌と破壊をもたらす人間の悪い面を意味しています。この番号は、5本の指と五感を示しています。5は誘惑の数字です。人間は一回欲求に動かされると、別な衝動にも影響されます。これは、生殖、性、再生の数字であり、これらのものは、人間が永遠の生命を定められた場合、数字の10で象徴される再生次元まで高められなければなりません。

聖書の中で、ヨシュアが、5人の王を殺し、洞窟に吊るした所があります。それは、ヨシュアの肉体の五感が意志へ屈従した事を象徴しています。五感は、王たちのように、私たちがそれらに制圧されるままになっていると、私たちを支配します。イエスは、5つの傷を負いましたが、それは、霊が復活し主となる前に経験した苦しみを示しています。

数字の5は、さらに、自分の下にある物理的次元を支配し、高次元の領域に到達している人間を意味します。私たちは、この最後の意味に、タロットの5番、“法王”との関係を見出します。聖職者の風体をして、彼は、神聖な面と人間的な面を持つ人間を表しています。

数字の6は、神あるいはキリストの本来の力を示しています。進化の背後にある力であり、全ての生物が持つ、完全になろうとする衝動です。数字の6には、数字の5で示された単なる人間に加えられた高次元の魂の原則があります。エジプト人たちは、数字の6を生成の象徴と見なしていました。この象徴は、上向きと下向きの2つの三角形の組み合わせで表現され、ソロモンの印と呼ばれてきました。6は結婚の数字とも言われ、労働と関連しています。というのは、創造のわざが6日間かかったからです。また、協力、相互的な動きを意味します。この意味は（ここで使用しているライダーパックのタロット以外の）、タロットの解釈でより明らかになっているようです。そこでは、6番の“恋人たち”は、二人の女性の間でどちらか選ぼうとしている一人の青年と、青年の上で矢を構えているキューピッドという構図になっています。私たちのタロットカードの6番では、通俗的な意味は、やはり選択の概念であり、その高度な意味は、意識と無意識間の協力です。

数字の7は、完全な数字であり、全ての数字の中で最も神聖です。エジプト人たちは、これを永遠の生命の象徴と考えました。数字の7は、トリアド（3）とテトラド（4）から構成されており、人間の中で結び付いた神と自然とも言えます。数字の7の重要性と楽しい側面は、カルデア人の曜日と、対面を足すといつも7になるサイコロゲームに残っています。旧約、新約聖書は、共に7への言及に満ちています。特に、黙示録にそれが顕著ですが、そこでは完了を示すために7を用いています。7つの災いの7つの鉢、7つのラッパ、7人の天使、7人の王、そして、7つの頭を持つ獣といった具合です。タロットの7番の"戦車"には、御者が不均衡を克服し、正すという意味で、完全さがあります。

数字の8は、進化の数字です。その象徴は、砂時計と天秤です。進化は、因果応報によってしか為されない事から、数字の8は、平衡あるいは因果の完全な象徴です。また、8で私たちは、進化の高次元な周期に入ります。大多数のタロットの解釈では、8番は正義のカードです。これは、数秘学的な意味合いに近いと言えましょう。ここでのパックでは、"正義"は11番です。

このライダーパックを自分のデザインで描かせたアーサー・エドワード・ウェイトが、どうして、11番の"力"と8番の"正義"の位置を取り替えたのかという疑問があります。彼は、"The Pictorial Key to the Tarot（新タロット図解)"で、「自分を満足させる幾つかの理由によって、このカードは、通常8番である正義と入れ替えた。変更は、読み手に影響するようなものを何ももたらさないし、説明するような根拠は無い」と言っています。

ポール・フォスター・ケースは、ウェイトのカードから自分のカードを改造しましたが、やはり8番に力を置きました。彼は次のように語っています。「通俗的なタロットでは、8番が"正義"で11番が"力"である。この暗喩は、十二宮をヘブライ文字に対応させる事を知っている者を誤解させない……。8番と11番は、1つの力の2つの操作面を表している」

力の頭上の宇宙的レミニスケートを思い出してみると、このカードの女性は、ライオン、あるいは低級な情欲を制御して、力の本当のバランスを保っているようですので、8番の位置にあるのがふさわしいと結論づけなければなりません。

数字の9は、元来、秘儀の伝授の数字です。一桁の数字の最後なので、物事を最終に導いて、新しい顕現を準備するものの象徴です。9番では、“隠者”が、成熟した力と叡智の慎重さを示しています。彼は、下で秘儀の伝授を求めている者たちのために、高くランプを掲げています。愚者は、今、真実のランプにつき従っています。

数字の10は、完成の数字です。ここで、私たちは、共にスタートした目に見えない0の力ともう一度出会いますが、0は9つの数字を通過して進化した後の姿です。最初の分化である、数字の1が、0の側に寄り添い、高度な進化の周期で、新しい顕現のシリーズを始めようとしています。1から始めて、私たちは5の人間に到達するまで進化します。この時点で、私たちは、6のキリストの力に気づき始め、9で私たちの秘儀の伝授に達するまで、進化し続けます。10番の“運命の輪”では、輪は10の中の0を表しています。カードの中には、輪が垂直の柱、すなわち1の先端を回転しているものもあります。輪が完全な10になるためには、対立するペアである、テュポーン（訳注10）とヘルメス—アヌビス（訳注11）の平衡を保たなければなりません。

数字の11は、新しい始まりです。しかし、成功するかどうかは、過去の1から10までの周期で得られた知恵と効率に依ります。太陽には、11年周期があります。11番の“正義”では、私たちは、思考、言葉、行動を金の秤で測りながら、新しい周期をバランスよく始めなければならないと警告されます。

数字の12は、実現、あるいは目に見える宇宙の数字と言われています。これは、完全な表現のサインです。

全ての偉大な宗教は、基本的に、普遍的な太陽神話の比喩的な表現です。それら宗教の創設者たちの発展段階は、12ヶ月周期の自然界の物理的な太陽の活動に対応しています。ヤコブには、イスラエルの12部族を創った12人の息子がいました。イスマエル（アブラハムの子）には、12人の王子がおり、オリンピアには12人の神々がいました。オシリスには、12人の弟子がおり、イエスには12人の使徒がいました。アーサー王の円卓には、12人の騎士がいたなど、たくさんの例があります。彼らは、全て太陽を中心に置いた黄道十二宮に対応しています。

12番目の数字は、理解するのが簡単ではありません。なぜなら、その数的な構成の10＋2は、二重性を持つ成果と完成を示しているからです。数字の2は、雌雄、プラスマイナスの物理的分離を意味しています。12番の“吊るされた男”で、私たちは、人間が、自分の心の中で、偉大な復活の業を遂行するまで、本来頭があるべき所に足を置いて、逆さまにならなければならないという教訓を得ます。彼は、片足でぶら下がっている間は、決して真中に立つ事も、十二宮を支配する事もできません。最終的には、彼は自分の足で立ち上がり、霊的な三角形（3）のついた十字（4）を克服しなければならないのです。彼は、21番の踊り子に象徴されるように、$\overset{+}{\triangledown}$から$\underset{+}{\triangle}$へ行くべきです。

数字の13は、否定的側面を見ると、危険な事もあります。その力が悪魔の巧妙な力を引き寄せる、降霊と招霊の数字だからです。数字の13は、創造、建設、再生の絶え間ない動きを表しています。それは、春の十字星の数字であり、太陽が新しい生命の周期を始める、牡羊座の数字でもあります。従って、これは、不死の約束であり、12人の弟子の中にいるキリストです。このように、13番の“死神”は、啓蒙されていない者にとっては、物理的な死を意味し、秘儀の伝授者にとっては、物質的な欲望から霊的な渇望への変容による新しい生命の始まりを意味するのです。

数字の14は、精神的な基盤の数字です。というのは、人間の心がしっかりとした基礎を築き、何を作り上げるか知っている時にのみ、バランスの取れた、思考のプロデューサーになる事ができるからです。数字の4は、物質の礎石であるので、10＋4は、高次元な周期、つまり精神面での基礎です。従って、14は、10の力を加えた、4が象徴するもの全てです。数字の14は7＋7でもあります。7が最初の創造のオクターブを終えるように、14は啓蒙された知恵の2つめのオクターブを終えます。14番の“節制”で、私たちは、人間が生命の水という貴重な液体を少しもこぼさずに、1つの杯からもう1つの杯へ注ぐ事ができるのを知っています。

数字の15は、完成の10と人間性の5を組み合わせています。さらに、1＋5＝6なので、キリストの力にも関係しています。人間は自分が14番の天使のようであると気がついた途端、どうやら自尊心が出てきて、新しく見つけた力を悪のために使おうとするようです。悪魔によって具現化した力は、非常に現実的です。それらは人間自身の創造物で、思考と信心が退いた場合にのみ、人間を崩壊させるからです。15番の“悪魔”では、男性と女性は、魔術師の魔法の棒を悪用したために、鎖で繋がれています。彼らは、悪魔を台に乗せ、自分たちの創造物に縛られています。しかし、数字の6は、15の結果ですので、神聖な力が打ち勝つはずです。数字の15は、エロティシズムの象徴でもあります。

数字の16は、完成の10に、神聖な力の6が加わった霊的な勝利を示しています。この神聖な力は、7で完全な形となっています。数字の16は、太陽に捧げられ、陽光と呼ばれています。ここで、神聖な力は、物質を分解しバラバラにしながら戦います。そうやって高次元でより完全な形が作られるのです。16番の“塔”では、高慢さや無知、誤った論理によって打ち立てられたものを、神聖な太陽の力が打ち壊しにかかっているのが判ります。

数字の17は、啓蒙する内的な光を表します。10＋7は、別宅のようなものですが、この場合、山のはるか上方にあります。人間が立ち止まり、瞑想する時間が来ました。そして、人間は、自分自身が、想像力を用いる事で、創造者となった事を認識します。なぜなら、物事を想像する事は、まさに、全ての点で完全な、望み通りの型を創り出す事だからです。17番の“星”では、この考えがはっきりと描かれているのが判ります。ひざまずいた女性は、内部に向かって声を聞いているのです。

数字の18は、秘密の領域の探索を意味します。つまり、危険無しではできない探査であり、それは、この2回目の秘儀の伝授を受けにきた者たちだけに、道は試されなければならないと警告しています。数字の8は、進化であり、1＋8＝9の秘儀の伝授へ導きます。あるいは、6＋6＋6＝18とも考えられるので、個人だけでなく、人類としての秘儀の伝授を示すでしょう。進化中の魂は、力の笏《しゃく》（ロッド）（訳注28）をしっかり握り続け、全ての顕現を支えているのは、霊的な力であると覚えておかなければなりません。18番の“月”では、既に道を歩み出した者たちさえ、学ばなければならない隠された事柄がたくさんある事が判ります。

数字の19は、19としても、1＋9＝10としても、最終的な到達点の数字です。人間は、18番で、月の謎、あるいは自然の隠れた側面を教わりました。今、彼は、太陽の伝授者で、太陽が地球上で為した作業に匹敵する事を、内面で行う用意をしています。19番の“太陽”では、1番の魔術師が示唆したもの――偉大な業の完了――が、すっかり表立って描かれています。

数字の20は、それぞれ9つの数の経験を含んだ、完全な10の2つの周期から構成されています。しかし、目に見えない力の0の横に1が立っている10とは違い、20には、二重性の表現である2があります。ここでは、2は、別離や出発を意味する数字ではなく、2つの1からできています。つまり、神と人間が1つの形に結び付いたのです。それは、神聖な力と完全に一体となる再生を示しています。タロットの20番、“審判”では、カードの意味は、明らかに復活と再生です。人物たちは、自分たちの物質的な棺から立ち上がり、霊的に生まれ変わっているのです。

数字の21は、2つ目の10の周期の完了と、新しい天使界の周期の始まりを示しています。また、3×7＝21は、達人（7）の最も高次元な発展なのです。ここでは、男性と女性は、もはや別個の個性ではなく、別々の周期を20で終えて、高次元の自己へ吸いこまれていきます。タロットの21番、“世界”では、魂が現世の経路を終えて、今度は、神聖な力を持った共同創造者となっている事が見えます。

小アルカナでは、カードの意味は、いくらか数秘学に従いますが、それよりずっと明確に、生命の木の10個のセフィロトに関係しています。この事については、タロットとカバラの章で、充分に論じる事とします。

タロットとカバラ

カバラは、有限の宇宙を無限の神と結び付け、悪魔の存在を考慮し、霊的な到達の道を示すという目的で、古代の神秘的な概念を集めたものです。カバラの基本的な意味は、生命の木に集約されています。生命の木は、神の創造物が取る全ての形に、それ自身を当てはめながら、永遠の神を存在の意識全体として示しています。

古代のラビたちは、「秘密の知識」と呼んでいたものを所有している事に誇りを持っていました。その知識とは、大衆に向けた「文字にされた法律」とは反対に、神がモーゼに、聖職者だけに限って使用するように、与えたものです。最初、それは、ヘブライの預言者から預言者へ口移しで伝えられました。そして、西暦600年頃になってやっと、カバラの書は、ヨーロッパ各地の博識のラビたちが、羊皮紙に書き表す事となりました。西暦900年頃、ヘブライの哲学者と聖書の翻訳者が、「セフェール・イェツィラー」（形成の書）と呼ばれる、カバラの1つの書について、注釈を書きました。そして、この書こそ私たちに関係しているのです。それが書き留められ、それについての様々な解説書が入手できるようになってから、カバラは、ヨーロッパの学者たちに知られるようになり、フランス、ドイツ、スペインにカバラ学の学校が育ちました。

近代の学者たちは、感情を退けたマイモニデス（訳注29）の合理主義に影響され、不信感を持ってカバラを眺めました。19世紀の思潮は、ある種の懐疑主義と批判に傾いていました。今、私たちは、水瓶座の時代に近づきつつありますが、多くの人々は、物質主義的で純粋に科学的な哲学に幻滅を抱くようになり、再び霊的な事柄に戻ろうとしています。カバラとその千年の知恵は、何世紀もの間持ちこたえたばかりでなく、未だに私たちが何者なのか、どこから来たのか、人生の目的は何なのかに明らかな答を提供している、完全な哲学を具現化していると考えられていました。

しかし、全ての主題は、最初にカバラを書き表した人々によって、故意にごちゃごちゃにされています。学習初心者を軌道からはずすために、彼らは、あらゆる引喩を使い、口述のカバラの意味を重々しく隠していたのです。「暗喩」や意図的に誤った情報までも用いました。後になってようやく、口述で教えている間に、これらの「暗喩」は真の伝授者と思われる者たちには、正されていました。直線思考に慣れている現代的な知性は、まず、カバラについて、解くのが非常に難しい中世のクロスワードパズルに似ていると感じる事でしょう。けれども、記された資料の手がかりを解き、その隠された意味を探る事が、本当の挑戦なのです。

生命の木

カバラの核は、生命の木、すなわち、毎日、意識が潜在意識や超意識とコミュニケーションできるようにする象徴の図形です。この考え方は、タロットの6番の恋人たちで、明らかにされています。生命の木は、単なる紙の上のデザインではなく、三次元の生きている宇宙と考えられるべきです。

生命の木には、木の一番上の1番から始まり、下の10番まで進んでいく、セフィロトと呼ばれる10個の球があります。それぞれのセフィロトは、番号と共に名前を持っています（読みながら図形に沿っていくと、学ぶのに役立つでしょう)。

生命の木の全域は、小径と呼ばれています。「隠された栄光の32の小径」です。セフィロト自身、1から10までの小径を表しています。実際には、セフィロト同士を結ぶ線が、22本の真の小径であり、11から32まで番号がつけられています（図形5では、二重線で示されています)。

図形 4
生命の木の柱

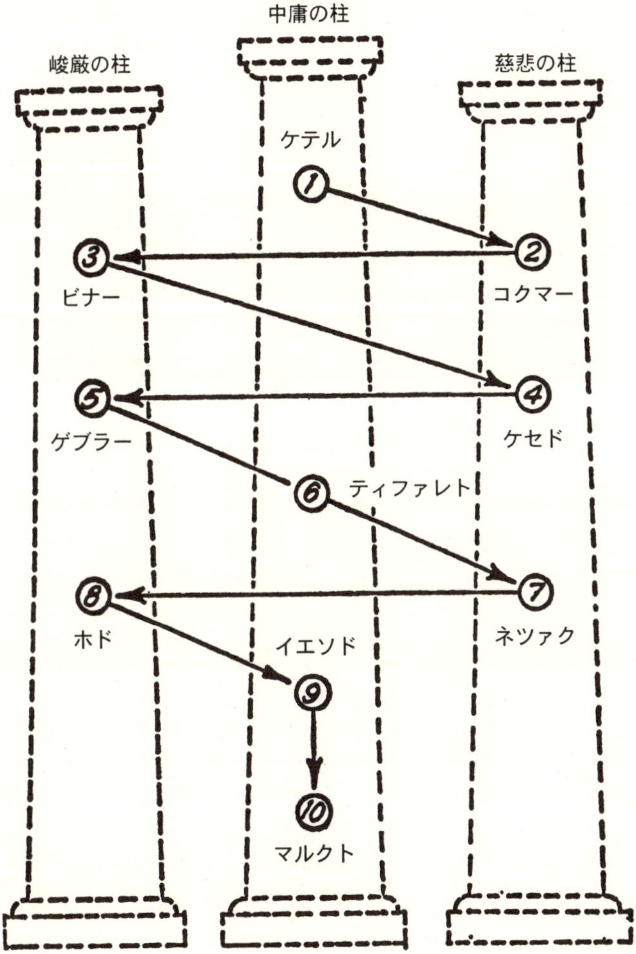

中庸の柱
峻厳の柱
慈悲の柱
ケテル
1
2
3
ビナー
コクマー
4
5
ゲブラー
ケセド
6
ティファレト
7
8
ホド
ネツァク
イエソド
9
10
マルクト

（図5の）木の上に、3本の曲がった線があります（p 230)。一番の上のものは、アイン——絶対的な無、ゼロを表します。次がアイン・ソフ——全体の光で、一番下がアイン・ソフ・アウル——無限の光です。これらは、1番のケテルに先立つゼロの3つの局面です。ケテルは原因とも呼ばれましょう。次の8つのセフィロトは、意味と考えられるでしょう。それによって、10番のマルクトで、私たちは、最終的な効果を得ます。カバラは、光に例えて、アインから全体の放射を象徴しようとしています。まず、無——ゼロには、全体があります。それから、凝縮した光であるケテルに現れます。この考えは、創世記で示されています。「神の霊は水（潜在意識、まだ形成されていないもの）の上を動いていた。そのとき、神が『光よ。あれ』と仰せられた。そして光ができた（訳注30)」カバラを学んだ後は、聖書全体の理解が深まると言われています。

10個のセフィロト間の小径は、それがつなげている2つのセフィロトの意味を帯びている経路です。6番目のセフィラ、ティファレトは、木の核心です。21の小径がティファレトと繋がっている事が見えるでしょう。ケテルの光は、真中の柱を直接下まで照らし、ティファレトの生命の光となります。これは、進化した人間存在——キリストや仏陀の境地——が達する事のできる高さと同じです。そして、木の上で、この低さまでなら、精霊が介入できます。

柱

生命の木とそれが私たちに宛てたメッセージを取り扱うのに、バランスの概念の重要性を強調し過ぎない方がいいでしょう。バランスは、セフィロトが統制している3本の柱で示されています。右手の柱は、慈悲と呼ばれています。左側にあるのは峻厳です。そして、生命のこれら2つの局面のバランスを取るために、真中の柱、中庸（図形4）があります。

慈悲の柱は、肯定的あるいは男性的であると考えられています。例えば、ケセドすなわち慈悲は、全ての物事を、調和を持って配列し、保ちながら、適切に働きます。慈悲が誤って用いられた時は、それは感傷となり、破壊した方がいいようなものを残します。

峻厳の柱は、否定的あるいは女性的です。柱の一番上は、ビナーすなわちグレートマザーで、安定性と持続性を与えている時、適切に機能すると見なされています。しかし、ビナーの抵抗が激し過ぎて能動的な攻撃性や妨害の原因となる場合は、機能しません。中央の柱は、人間の意識を象徴しています。人間の意識は、人生の肯定面と否定面のバランスを学ばなければなりません。

4つの世界

10個のセフィロトは、カバラ主義者たちが4つの世界あるいはステージと呼んでいるものによって、無から物質的な顕現へと作用します。それらは、アツィルト、つまり、全てが何かになり始める元型の世界、ブリアーすなわち創造が起こる世界、イエツィラーすなわち形成が起こる世界、そして、アッシャーすなわち物質界です。各セフィロトは、ある意味で、4つの世界のそれぞれが操作する4つの部門に分かれています。

このように、10個のセフィロト、22の小径、3本の柱と、4つの世界があります。そして、これらは、タロットカードに次の方式で関わっています。10個のセフィロトは、小アルカナの1から10までの番号のカードに関係しています。4つの世界は、4つのスートに、22の小径は、大アルカナの22枚のカードに関連しています。

10個のセフィロト

1番——ケテル、王冠

この最初のセフィラは、私たちに感じ取れる時点で、まだ姿を現さないものを象徴しています。ケテルには、まだ形というものは無く、不活性な状態にある、専ら純粋な存在、あるいは生命があります。しかし、その中に、男性的なものと女性的なもの双方のポテンシャルが潜んでいます。また、それは、純粋存在として、顕現の背後に位置し、顕現を映し出しています。ここでは、相反するこれら2つのポテンシャルは、コクマーとビナーで為しているように、まだそれら自身を明らかにしていません。ティファレトで、最終的に、それらは完璧な均衡に至ります。

2番——コクマー、知恵、創造の王冠

ここでは、顕現への推進力を与えている男性的な力を見出します。最初の3つのセフィロトは、カバラ主義者たちに、至高の三角形と呼ばれています。ここに性の根源があります。というのは、性は宇宙的で霊的だからです。また、男性原理のコクマーと女性原理のビナーの間で、生命の模様が織り成されています。コクマーは、宇宙の大いなる誘発剤であり、プラスの男性的な力です。

3番——ビナー、理解、玉座

ビナーはマイナスです。それゆえ、コクマーからのプラスの波を受け止める事ができます。彼女は、宇宙のグレートマザーであり、峻厳の柱の一番上にいます。なぜなら、肉体化した霊は、生まれた途端に、地平線上に死を見るからです。悲しみや死を経験するという考えは、生命が形を取っていく際には暗黙の了解となっています。地上に撒《ま》かれた種は、増えるために死にます。従って、ビナーは、コクマーの力に対する死であり、まさに峻厳の柱に属するのです。

次の6つのセフィロトは、カバラ主義者たちが、低次元の宇宙の小さな

顔（ミクロプロポソス）と呼んでいるものです。ここでは、成長力と豊かさを見出します。

4番――ケセド、慈悲、威厳

私たちには、コクマーを抽象的な「全ての創始者」と呼ぶ事ができます。そして、ケセドは、愛すべき父親、守護者、保護者として、より具体的な形をした同様の力です。世界の全ての創造的な仕事は、ケセド、すなわち、笏《しゃく》と球の両方を持ちながら玉座に座っている王の言葉に心を動かす人々によって為されています。彼は、情け深い統治者で、民衆を率いています。この考えは、タロットの４番の皇帝に象徴されています。彼は抽象的な思惟界の支配者となり、自分の目的に合ったイメージを選んで、それをマルクトの現実界に持っていく事ができるのです。

5番――ゲブラー、強さ、峻厳

平和時の民衆の父、ケセドと同様に、私たちの愛を捉えるのが、私たちの尊敬を集め、戦争へ向かう戦車上にいる王、ゲブラーです。ここには、主（摂理）への恐れがあります。これが知恵の始まりとなります。ゲブラーは、生命の木の均衡に必要な、解体する力を表しています。生命を守る者と終わらせる者であるヴィシヌとシバのように、ゲブラーとケセドは、お互いになくてはならないのです。均衡を保つために、絶えず周期的に関わって、一方が築き、一方が解体します。ここには、戦い好きな火星の性質があります。現実面にある土星のようです。

私たちが悪と呼んでいるものは、単に場違いな力――時間と空間共に――です。ちょうど、火が、歓迎すべき暖かさと破壊のどちらももたらす事ができるのと同じです。ほとんどの場合、私たちは、建設的で築き上げるものが善であると教えられてきました。一方、破壊的で解体するものは、悪であるとも言われてきました。しかし、1つの家具は、一本の木が倒れなければ作る事ができないのです。また、庭は雑草を取り除かなければ育たないのです。愛は、祝福と呪いのどちらにもなり得ます。ここで、私たちは、全てのバランスの重要な概念を得、それが人生のあらゆる段階へ応用できる事を知ります。

タロットのソードのスートは、ゲブラーに関連しています。なぜなら、どちらも人生の破壊的な面を示しているからです。

6番――ティファレト、美、調和、犠牲となった神

真中の均衡の柱にあるティファレトには、低次元でのケテルの均衡と、高次元でのイエソドの均衡があります。ティファレトの下にある3つのセフィロトは、人格あるいは、低次元な自己を表しています。ティファレトの上にある4つのセフィロトは、個性あるいは、高次元な自己です。それら全ての上には、生命を動かし始める神聖な閃光である、ケテルがあります。ティファレトは、その上の力の次元を、下の形成の次元に変化させる地点でもあります。この6番目のセフィラをケテルの子供、あるいはマルクトの王と呼びます。彼は、自分の球体で犠牲となります。ここで言う犠牲とは、1つの形からもう1つの形への力の変換を意味します。何らかの犠牲を払うと、私たちは1つの表現の形を取り、それを他へ向けます。私たちは、それらが高次元な完成の形に変わる時、喜んで時間やお金、楽しみを犠牲にするのです。

ティファレトで、神は、形を取って姿を現します。そして、私たちの間に立ち止まります。ティファレト、すなわち息子は、私たちに、父であるケテルを見せます。この考えは、完全に釣り合いが取れています。というのは、この調停者あるいは救出者は、上部のセフィロトと下部のセフィロトを結び合わせて、いつも自分の王国のバランスを取るために、努めているからです。肉体化した神々は、ある意図を持って犠牲になります。つまり、神々が人々のために死ぬ事で、巨大な感情の力を解放し、力と力の均衡をもたらすのです。

キリスト教が焦点を当てているのは、生命の木のこのセフィラです。ギリシャやエジプトの汎神論的な信仰では、イエソドに中心を置いています。仏教、儒教、現代ではニューソート（新思想）運動のような形而

上学的な教義では、ケテルを目的としています。聖書は、元々カバラ的な書物です。というのは、太陽がティファレトであり、父がケテルであり、聖なる霊がイエソドであるとほのめかしている事実があるからです。

ヘリオスやオシリス、そして、全ての太陽神は、ティファレトに居を定めています。太陽のお陰で、生命は地上にやってきます。また、神の意識、あるいはティファレトによって、私たちは、生命力の源に接し、それに近づく事ができます。現世的（通俗的）な宗教での理解では、ティファレトより上の木に行かず、創造の謎を捉えません。

7番——ネツァク、勝利、力、ビーナス—アフロディテ

ここでの勝利とは、達成の勝利です。ネツァクは、低次元での力の勝利を示しており、コクマーは、高次元での力の勝利を表しています。このセフィラは、2つの考えを含んでいます。つまり、1つ目は、マルスで例示されている能力あるいは力、2つ目は、ビーナスの美しさです。彼らの繋がりは、マルスとビーナスとの恋にちなむ古い神話で例となっています。ネツァクは、感情と本能を音と色に表現する、芸術家の分野でもあります。この7番と次の8番は、またもや対立するペアです。ネツァクは、私たちの中の芸術家で、ホドは科学者です。ネツァクの力は、表現するために、ホドの形を必要としています。そして、どちらも自分たちのエネルギーをイエソドへ注ぎます。

8番——ホド、光輝、形、知性

ホドは左の柱にあります。その柱は、受動的で女性的で、形にするためには、右の柱から力を持ってきます。上部の3つのセフィロトは、上向きの三角形を形作っています。次の3つのセフィロトは、個性の三角形である下向きの三角形を作っています。3つ目の三角形は、やはり下向きですが、顕現と人格の三角形です。ホドは、科学と書物の神で、科学的に精神領域で働いた、マーキュリー——ヘルメスの分野です。ネツァクが芸術家だったように、ホドは、私たちの中の科学者です。

9番――イエソド、イメージの宝庫、基礎

イエソドは、他のセフィロト全てからの放射物の貯蔵庫であり、これら放射物の物理界への伝達装置です。これらの放射物を浄化し、マルクトの地上面に降り立つ前に、必要があれば正すのが、イエソドの機能です。イエソドには、統合のエネルギーがあり、物理的な分子と細胞を特定の有機体に順序よく取り入れるのです。生物、植物、そして鉱物でさえもその生成物ですが、イメージは、まだ前物理状態にあります。

イエソドは、マヤ族の領域でもあります。ティファレトの宗教的な神秘主義と区別される、幻想、音楽と心霊主義というわけです。私たちが、純粋な物理的マルクトから起き上がろうとした時、最初に出会うのがこのセフィラです。言わば、私たちが瞑想を初めて試みた時に出会う、太古からのイメージに満ちている偉大な潜在意識と言えます。

10番――マルクト、王国、安定性

このセフィラは、平衡の柱の基で、イエソドで正され、浄化された他のセフィロト全てからの放射物を受け入れる物理世界全体を表します。マルクトは、周囲のエネルギーに必要な4つの実質に分けられます。風、地、火と水です。従って、形にまとめるイエソドは、マルクトから得られる実質によって顕現します。

オカルトの教えによれば、人間は不随意にケテルから降りてきて、この世界の王国、神聖なパターンの最後の結果であるマルクトまで、降りながら各セフィラで自分の人格の機能面をつかむという事です。地表の生命は、生き、喜び、何かを習得しなければなりません。生きるという事は、再びケテルで休むために、セフィロトの梯子を上がる前に、各自が越え、コントロールしなければならない、魂の発達のある段階なのです。

小アルカナと生命の木

小アルカナが、セフィロトだけでなく、カバラ主義者たちの4つの世界に、はっきりと対応しているのは、明らかのように思えます。前述したように、数字の4が使われる時は、エホバ、すなわちIHVHの名前の4文字、地球の四隅や、火、水、風、地の4つの元素に、ほとんどいつも関係する事となります。

10個の各セフィロトは、4つの各世界がそれぞれのセフィロトで作用する事を示すために、理論的に4つの部分に分けられます。

アツィルト	神が直接元型を通じて、作用する	火	ワンド
ブリアー	大天使によって、創造が起きる	風	ソード
イエツィラー	天使によって、形成が起きる	水	カップ
アッシャー	物質界が、元素と十二宮を通じて作用する	地	ペンタクル

4つのタロットのスートでは、カードが1から10まで番号付けられています。これは、同じように番号がついたセフィロトに対応しています。4つのエースは、最初のセフィラであるケテルに割り当てられています。4つの2はコクマーに、4つの3はビナーにというように下っていって、4つの10はマルクトに割り当てられます。そして、ワンドは火、カップは水、ソードは風、ペンタクルは地と関係しています。各スートは、番号のついたセフィラと関連して、4世界の1つの動きを示しています。

例えば、カップの3と3つ目のセフィラ、ビナーは、お互いを強めます。なぜなら、カップとビナーは、どちらも豊饒を表しているからです。ソードの3は、3本の剣に刺された心臓ですが、ビナーに隠れている破壊力を示しています。その破壊力は、ヒンドゥー教の破壊の女神、シバ神がより深く表現しています。ソードのスート全ては、戦いと不運に関わっています。そして、ソードの5が、解体力であるゲブラーと重なった時、私たちは、二重の困難に出会います。カップは、概して良いカードですが、ゲブラーにあるこのスートの5は、喪失と不満を表します。

マルクトは、凝縮した物質の次元ですので、4つのスートの10が、これに関係しているはずです。カバラ主義者たちは、外部で輝くものは、内部で腐食し、外部で腐食するものは、内部で輝くと言っています。カップとペンタクルは、外部では輝いているので、マルクトに関連した10で、良好で幸福な性質を見せているように思えます。しかし、それら10は内部で腐食する可能性があり、描かれている幸福は、長続きはしないと警告されています。ワンドとソードは、内部で輝き、外部で腐食しますので、これら双方のスートの10は、悲しみと不幸の極みですが、このような状況はいつまでも続かず、悲しみの試練に遭った者は、最終的に自分たちの幸福を見出すのです。

コートカード

タロットの各スートにある4枚のコートカードも、4つの世界に割り当てられていますが、順序が異なっています。中央の柱のセフィロトが最も重要です。そこには、4つのセフィロトがあり、それらは4つの世界と4枚のコートカードと相互に関係しています。カバラ主義者たちは、ナイトが馬に乗っている事で、キングより重要だと感じています。キングは、この場合、クイーンとナイトの息子という、いつもはナイトがいる地位に追いやられています。従って、次のようになります。アツィルトはケテルでナイト、ブリアーはティファレトでクイーン、イエツィラーはイエソドでキング、アッシャーはマルクトでページとして作用しています。

コートカードの様々なデザインは、非常に様式化しており、このようなあやふやな価値の相関関係を作っています。確かに、占いやタロットを学ぶ際に、上記の事は、あまり役に立たないように思えます。けれども、タロットカードを1から10まで、セフィロトと4つの世界の意味に沿って学ぶと、なぜカードによって、「良いカード」としてデザインされたり、「悪いカード」としてデザインされているかが理解できます。セフィロトの意味を覚えたら、どんなトランプカードでも占いに使えるのです。

生命の木と大アルカナ

大アルカナは、ヘブライ語の22文字に対応した、22本の小径程には、セフィロトには関係していません。各大アルカナカードは、あるヘブライ文字と小径に対応しています。カードの意味は、繋がっているセフィロトの双方の影響を帯びます。

小径の表は、小径の番号と、繋がっている2つのセフィロト、割り当てられているヘブライ文字、タロットの大アルカナカード、占星学的な象徴を示しています。この大アルカナカードと小径の対応は、最も一般的に受け入られているので選ばれました。これは、ゴールデン・ドーン団とその解釈に従った人々が決定した順序です。

10個のセフィロトが最初の10本の小径と考えられるため、「実質的な小径」は11番から始まって32番まで続く事に注意しましょう。従って、0番の愚者は、ヘブライ文字のアレフ（A）と11番目の小径に配置されます。

図形5
生命の木（小径付き）

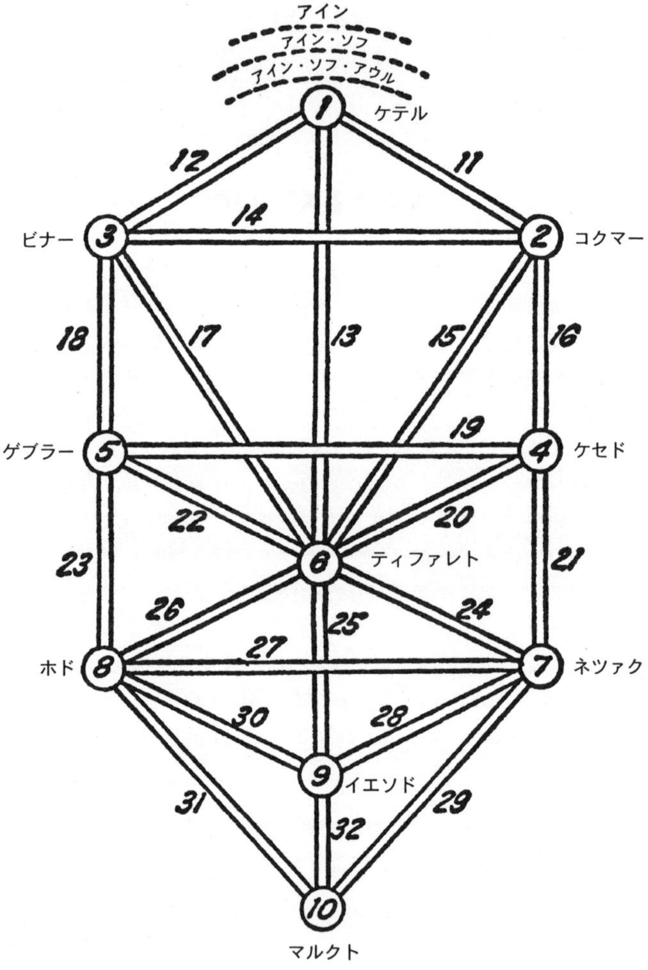

小径の表（訳注 31）

小径	セフィロト	ヘブライ文字	タロットカード	占星術上の象徴
11	ケテル――コクマー	アレフ	愚者	風
12	ケテル――ビナー	ベト	魔術師	水星
14	ビナー――コクマー	ダレト	女帝	金星
16	ケセド――コクマー	ヴァヴ	法王	牡牛座
18	ゲブラー――ビナー	ケト	戦車	蟹座
15	ティファレト――コクマー	ヘー	星	牡羊座
17	ティファレト――ビナー	ザイン	恋人たち	双子座
13	ティファレト――ケテル	ギメル	女教皇	月
23	ホド――ゲブラー	メム	吊るされた男	水
21	ネツァク――ケセド	カーフ	運命の輪	木星
19	ゲブラー――ケセド	テト	力	獅子座
22	ティファレト――ゲブラー	ラメド	正義	天秤座
20	ティファレト――ケセド	ヨッド	隠者	乙女座
24	ネツァク――ティファレト	ヌーン	死神	蠍座
26	ホド――ティファレト	アイン	悪魔	山羊座
25	イエソド――ティファレト	サメク	節制	射手座
27	ホド――ネツァク	ペー	塔	火星
30	イエソド――ホド	レシュ	太陽	太陽
28	イエソド――ネツァク	ツァディ	皇帝	水瓶座
31	マルクト――ホド	シン	審判	火
29	マルクト――ネツァク	コフ	月	魚座
32	マルクト――イエソド	タウ	世界	土星

生命の木とタロット、双方の重要な意味というのは、生命の肯定面と否定面の均衡です。小径に対する大アルカナカードの配置、あるいはヘブライ文字との相互関係に関する、多少の意見の違いはよくある事です。しかし、その相違が、生命の木、タロットのどちらからも真の重要

性を失わせる事はありません。

小径に対する何枚かの大アルカナカード

11 番目の小径、コクマー――ケテル、ヘブライ文字「アレフ」

愚者がこの小径に割り当てられた大アルカナカードです。というのは、彼は、人類の潜在意識に埋め込められ、神話やおとぎ話にしょっちゅう姿を現す大いなる元型だからです。彼は、アーサー王の道化師、ダグネット卿であり、中世の道化師や宮廷の道化師としても現れます。近代では、チャーリー・チャップリンが、その例となっています。愚者は、愚かであり、また賢いのです。恐らく、自分の愚かさを、知恵を教える手段として使い、世間では、純粋な馬鹿として姿を見せているでしょう。自分を救う事ができるのに、自分自身を十字架にはりつけにさせたイエスを、愚者とみなす事もできるかもしれません。

ケテルは、全ての生命の種子を宿し、そのコクマーへの降下は、雷光で象徴されている最初の力の動きです。これは、神を目の前に見ている啓蒙された魂の小径です。また、コクマーからケテルへの上昇は、神と結び付くための最後のアプローチです。

25 番目の小径、イエソド――ティファレト、ヘブライ文字「サメク」

タロットの 14 番、節制では、一人の天使が、銀の杯（月――イエソド）から金の杯（太陽――ティファレト）（訳注 14）へ命の水を注ぎ込んでいるのが判ります。このカードの高次元な意味は、魂を、高次元の明知にふさわしい器とするために調整するという事です。

池の側に育っているアイリスは、虹の女神、イリスを表し、虹は、「水が洪水となって、肉なるものをすべて滅ぼす事は決してない」（創世記 9 章 15 節）という神と人間の契約の印です。25 番目の小径に関連すると、それは、人間が充分に啓蒙された存在になるという約束のように思えます。

このように、学習者は、自分自身で、他の大アルカナカードの生命の木での位置を把握する事ができます。そうすれば、カードの意味に、さらに光が当てられるでしょう。

タロットと占星術

黄道十二宮図は、恐らく最古の哲学的概念で、少なくとも48,000年前に遡ります（と言われています）。ギザの大ピラミッドは、占星術上の計算に基づいて建てられました。その結果、王の部屋へ導く主要な廊下は傾き、その時代の北極星からの光が廊下を照らし、部屋の中心の石棺に当たるようにしました。

ギリシャ人たち、後にローマ人たちは、古代のペルシャ人や、カルデア人、アッシリア人の天文学の知識に従いました。紀元475年のローマの没落後、首都がビザンチンにある東方の帝国では、続けて占星術の研究がなされ、未来予知に使われていました。アラブ人たちが勢力を持つと、彼らは多くの有能な占星術師を育てました。アラビア語の占星術の教科書は、17世紀に至るまで学ばれました。

中世の文学は、占星術への言及に満ちています。ダンテの「神曲」の基本的な構造は、実に占星術的です。ヴェルギリウス（訳注32）に伴われたダンテは、太陽が（新しい始まりを支配する）牡羊座にある時に放浪を始めます。彼は、太陽が再生の星座である蠍座にある時、煉獄《れんごく》へ行きます。また、太陽が地上の楽園の星座である牡牛座にある時、煉獄《れんごく》の天辺に着きます。彼は、教訓を得、それぞれに深い喜びを感じながら、天国で7つの惑星を旅します。

占星術師たちは、何世紀にもわたって、聖書上の日付に足したり引いたりして、新しい世界の指導者と新しい市民の時代の到来を予測しようと努めてきました。水瓶座時代は、西暦1882年に始まったとされていますが、この時期を定める事はできません。魚座時代の始まりの時期にまだかなりの矛盾があるためです。キリストの再臨については、何度も予言がされたので、十字軍がキリスト教徒の責務だとして、ヨーロッパの各国で、説教されました。キリストが現れる前に聖なる土地から不信心者を一掃するためです。恐らく、十字軍の全ての挿話は、占星術師たちのせいでしょう。

英国では、ジョフリー・チョーサーが素晴らしい占星術師だと見られていました。彼の詩、「カンタベリー物語」は、占星術的な象徴主義に満ちています。女王になる前、エリザベス1世は、バーグレー卿にホロスコープを計算させましたが、彼は、星を見て、彼女が全ての敵を歯牙にもかけず、玉座に就くと知りました。ある有名な学者のグループは、占星術だけでなくカバラについても議論するため、ロンドンのガンパウダー通りの居酒屋で会うのが慣わしとなっていました。そのようなグループの1つが、占星術の教科書をもっと使いやすいようにとラテン語から翻訳した、ウィリアム・リリーのグループでした。彼の教科書「Introduction to Astrology」は、未だに広く読まれています。ロンドンの大火（1666）と疫病（1663）の10年以上前に、リリーはそれらの正確な日付を予言していました。

18世紀には、著名な多くの作家が、占星術に興味を持ったと言われています。バイロン、シェリー、スコット、ゲーテと言ったところです。19～20世紀の両世紀では、占星術師は、新しい惑星、すなわち天王星、海王星、冥王星に特徴と本質を当てはめようとしました。そして、このような研究は、引き続いて行われています。占星術師によっては、ラファエル、ズリエル、ネプチューン、セファリアルなど、本名以外の仮名を使いました。

重要な占星術師であり、数学者であったアラン・レオ（1860～1917）の著作は、未だにスタンダードな教科書です。エヴァンジェリン・アダムス（1865～1932）は、ヨーロッパとアメリカ大陸の要人のホロスコープを作りました。彼女は、手相見でもあり、顧客のチャートを作っている間、いつも顧客の手相を見たがりました。ルウェリン・ジョージとグラント・ルイは、占星術の本で有名な19世紀初頭の占星術師です。

占星術は、先史時代に始まったと先に述べました。一方、タロットが生まれた正確な時についてはほとんど知られていないようです。いずれにしろ、カードと十二宮の象徴の意味には、繰り返し相互関係が出てきます。時々、タロットと占星術は、同じ学科の違う枝のように思われます。この200年間、オカルトの教師によって、タロットは、記述され、論じられてきました。彼らは、カードがジプシーたちによって広く占いに使われた、この何世紀もの間に失われた意味を再発見しようとしたのです。タロットは、占星術も犠牲になったような弾圧にもかかわらず、暗黒時代の間、密かに伝授されていたようです。

しかし、タロットや錬金術、占星術やカバラのようなオカルトの探求に集中しているのは、方々の離れた場所に散在しているグループでした。タロットカードは、人間の宇宙での位置や、神の法の働き方、秘教学校でどうやって伝授者の修業を積むかを示すために編集された、束ねられていない本のページのようでした。彼らは、カバラの教義、占星術や数秘学、エジプト神話、インド神話、ヘブライ神話、ギリシャ神話から、普遍的な意味を持っていると思われる象徴だけを選別しました。彼らがギャンブルと占いに使われていた絵のカードに隠したこれらのものは、18世紀の学者たちがそれらの研究に取り掛かり、元の意味を再び解読するまで秘密のままでいました。

「タロットとカバラ」の章では、生命の木、その10個のセフィロトとそれらの意味と関係が出てきます。タロットカードの4つのスートと、それらのエースから10までの番号が、セフィロトとの関係で示されました。また、セフィロトの間を走っている22本の小径、22のヘブライ文字、そして、22枚の大アルカナカードに、やはり関連した意味がある事も指摘されました。

オカルト主義者たちは、大アルカナと占星術上の象徴を相互に関連付けるために、努力をしてきました。十二宮と7つの惑星があります。これを足しても19にしかならないので、風、火、水の3つの元素が含まれました（地の元素は除かれています。それはマルクトと共にあるからです）。

カードと占星術上の象徴を関連させようとしてきた著述家たちの間には、幾つかの見解の相違があります。この相違の原因の1つは、0番の愚者の位置です。ある者は、愚者を（私たちがしたように）1番の魔術師の前に置きました。また、愚者を21番の世界のすぐ前に持ってきたり、すぐ後ろに持ってきた者もいました。8番の力と11番の正義の位置を入れ替えた者もいました。中には、4番の皇帝と17番の星を反対にした者もいました。11番の正義は、ある時は山羊座、ある時は天秤座、ある時は水瓶座に割り当てられてきました。それぞれの著述家は、主張の正しさを説くために、わき道にそれる事があったとしても、自分の目的に比較的ふさわしい説を作るのです。

ゴールデン・ドーン団の後継者たちは、大アルカナをセフィロトの間の小径に割り当てました。これは、カバラの意味に沿っています。しかし、私たちは、彼らが小径とタロットに割り当てた占星術の象徴に従っていません。これらの占星術上の名称は、小径の表に示されています。吟味した結果、私たちは、三次元的と呼んでいる異なったシステムを考案しました。それは、占星術師、タロット占い師、さらに願わくば、カバラ主義者も満足させるはずです。なぜなら、私たちは、またもや象徴を載せた生命の木を用いているからです。

三次元の木

生命の木は、平面的、二次元的なデザインとして考える必要はありません。従って、私たちの目的に合わせるためには、それを一本の軸で回る球として考えます。軸は、球の上のケテルで始まり、それを通ってティファレトに触れ、マルクトで外に現れます。空中に浮かんでいると考えられるこの想像上の球の中心に、太陽があり、その周りの軌道には、7つの惑星があります。各惑星は、1つのセフィラとさらに1枚の大アルカナに割り当てられています（これは、図形6で綿密に追ってください）。

（1） ケテル、愚者、0番（惑星無し）
（2） コクマー、世界、21番（全ての十二宮）
（3） ビナー、死神、13番、土星
（4） ケセド、皇帝、4番、木星
（5） ゲブラー、塔、16番、火星
（6） ティファレト、吊るされた男、12番、太陽
（7） ネツァク、女帝、3番、金星
（8） ホド、魔術師、1番、水星
（9） イエソド、女教皇、2番、月
（10） マルクト、運命の輪、10番、4元素

この球の周りの動く帯、あるいは円には、十二宮とタロットカードの対応があります。

審判、20番、蠍座
恋人たち、6番、双子座
太陽、19番、牡羊座
力、8番、獅子座
月、18番、魚座
星、17番、水瓶座

節制、14番、射手座
隠者、9番、乙女座
戦車、7番、蟹座
悪魔、15番、山羊座
法王、5番、牡牛座
正義、11番、天秤座

ケテル、王冠……愚者

ケテルは、軸の頂上にあり、純粋な存在であり、全ての潜在能力を備えながら、非活動的です。この最初のセフィラは、創造された存在の背後にある爆発前の力と考えられます。また、コクマーは、ビナーに統制された爆発であると思われます。これら最初の3つのセフィロトを至高と呼んでいます。なぜなら、意識だけがある、生命の最初の段階を表して

図形6
三次元の木

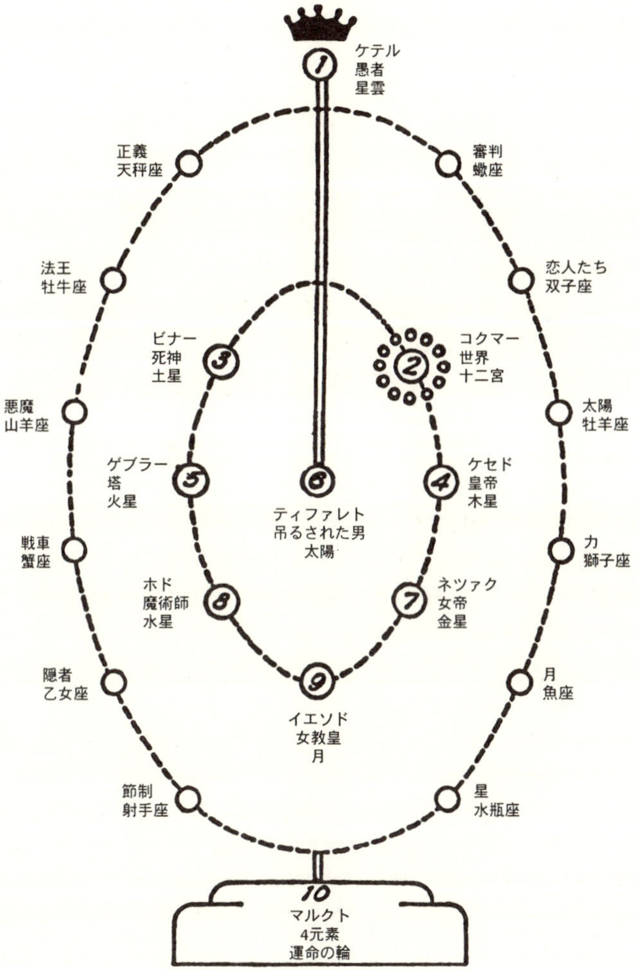
1
ケテル
愚者
星雲
正義
天秤座
審判
蠍座
法王
牡牛座
恋人たち
双子座
ビナー
死神
土星
3
2
コクマー
世界
十二宮
悪魔
山羊座
太陽
牡羊座
ゲブラー
塔
火星
5
6
4
ケセド
皇帝
木星
ティファレト
吊るされた男
太陽
戦車
蟹座
力
獅子座
ホド
魔術師
水星
8
7
ネツァク
女帝
金星
隠者
乙女座
9
月
魚座
イエソド
女教皇
月
節制
射手座
星
水瓶座
10
マルクト
4元素
運命の輪

いるからです。愚者は、その秘密の意味では、ケテルに付随します。どちらも、顕現前の未知の絶対性を示すのです。

愚者を天王星と関連させる者もいますが、タロットは、天王星、冥王星や海王星が発見される随分前に現れたので、その三星は私たちの整理法には含めません。

コクマー、知恵……世界……（全ての十二宮）

コクマーは、全ての知恵の精神です。これは形ではなく、ケテルから真っ直ぐ来ている力です。この力は、全十二宮に現れますが、はっきりさせるために、グループ分けし、外の円にそれらを置きました。

コクマーには、原始的な父性と、無限の宇宙に広がる無限の知恵の両方があります。このように、知恵の寺院は、7本ではなく、12本の柱で支えられ、そこには、十二宮の区別があります。21番の世界は、コクマーに割り当てられています。世界には、4つの不動宮を表す、4種類の生物がいるからです。すなわち、蠍座——水に対する鷲、水瓶座——風（訳注33）に対する人間または天使、獅子座——火に対するライオン、牡牛座——地に対する牡牛です。これらの生物たちは、マルクトに振り分けられた運命の輪でも繰り返し現れます。マルクトでは、日常的な面として見出されます。カードの花輪は世界を示し、踊り子は永遠の踊りをしている、自由な生命力を表します。

ビナー、理解……死神……土星

これは、至高なる母で、コクマーが男性的な力を表しているように、宇宙での女性的な力を示しています。十二宮への古い振り分けでは、空間をコクマーに、時間をビナーに関係させています。空間は、確かに宇宙の1つの次元であり、種を撒き散らす男性面です。ビナーは、母性面で、コクマーが彼女の中に植え付けたものを育てるために、時間を必要とします。ビナーは、峻厳の柱の頂上にあります。別の面——死を持っているのです（というのは、形となったものは、時間が立つと、死と崩壊の段階を迎えなければならないからです)。

ビナーに割り当てられた惑星は土星であり、ここでは結晶化によって生命に形を与える、制限の法を象徴しています。土星もビナーがなすように、力を形に変えます。土星には9つの月があります。これが土星を母性原理と結び付けるもう1つの理由です。

タロットの13番、死神は、土星の象徴主義に大変よく合っています。それには、死を再生と更新の概念と関連付ける象徴主義も含んでいます。ビナーは、ある意味で、コクマーの力への抵抗者でもあります。また、コクマーを形に限定するため、力の創生者であるケテルの敵と考える者もいます。従って、土星——悪魔、さらに時間——死——悪魔が出てきます。しかし、カバラは、全てのセフィロトが神聖で、それぞれが必要な機能を果たしていると教えていますので、ビナーを決して悪とは考えず、均衡の取れた宇宙の全体像の中で、割り当てられた義務を成し遂げているだけだと考えます。

ケセド、愛、慈悲、威厳……皇帝……木星

ケセドは、玉座に座っている慈悲深い王であり、繁栄と幸福をもたらします。彼の慈愛は、いつも共感と寛大さから生じています。木星が彼の惑星です。というのは、木星には、ケセドと同じ特徴がたくさんあるからです。その中には、膨張、正義、法、統治される者の利益のために治めているというものも含まれます。タロットの4番の皇帝も、ちょうどこのような慈悲深い王です。

ゲブラー、峻厳、力……塔……火星

親切と慈悲が行き過ぎると、感傷的で感情的になります。そこで、物事の均衡を取るために、ゲブラーの峻厳さが介入するのです。このような種類の公正さは、激烈で痛みを伴うように見えますが、必要なものです。ゲブラーに割り当てられた火星は、建設的なエネルギーと破壊的なエネルギーの双方を意味します。また、戦争だけでなく、暴動の鎮圧も示します。オカルト主義者たちは、いかなる社会の極端な行為もあまり深刻には捉えていません。それがそれなりの経過を取る事を知っているからです。どの方向でも、極端さは、価値のある必要な矯正方法ですが、一方の方向へ行き過ぎた場合、振り子のように、揺れて戻ってきます。極端さが行きつく所まで行くと、実際には、揺れが終わって、反転する事になるのです。

ゲブラーに対しては、16番の塔を当てます。塔では、霊的な稲妻の光が、人工の塔から偽善者の王冠を落とします。落ちていく男性と女性が、矯正を必要とすれば、ゲブラー——火星がそれを提供します。

ティファレト、美、調和……吊るされた男……太陽

通常の平面的な生命の木の図形では、ティファレトは、真中の柱の中央下にあります。私たちの三次元の球では、ティファレトを太陽と捉え、真の中心とし、セフィロトを伴った惑星は、その周りを動いています。図形5では、マルクト以外の各セフィラに、彼に向かう小径があります。ティファレトは、生命の木にとって、太陽系での太陽のようです。全ては、ケテルから生じていますが、ティファレトが、その放射物をお互いにとって適切な関係にしているのです。ティファレトは、自分の王国にとり囲まれた王のように支配します。（低次元な自己、あるいは個性を示している）下の3つのセフィロトと、（人格あるいは高次元な自己を表している）上の4つのセフィロト、そして何と言っても神聖な閃光であるケテルにとって焦点なのです。木の小径は、太陽から立ち上るエネルギーが他のセフィロトへ通るための道であり、ティファレトにとっては、ケテルからの至高のエネルギーを受け取るためのルートです。一方、セフィロト同士は、小径を介して、エネルギーを交換し合うのです。

カバラ主義者にとっては、悪とは、均衡の取れていない状況であって、強力な悪魔に放たれた、戦わなければならない力ではありません。善とは、お互いに力が釣り合っている対立した原理の間に築かれた、完全かつ調和に満ちた状態です。中央の柱のティファレトは、このように、バランスを取り、周りを取り巻いているセフィロトを調和させます。

ティファレトは、太陽の球体と呼ばれています。そして、占星術上の太陽が、ここに割り当てられているのには、はっきりした理由があります。太陽は、全能の神によって与えられた人間の生命と精神を表します。それは、人間というより、真の自己を示しています。タロットの12番の吊るされた男は、完全に自分の生き方を通常の人間の生き方とは反対にしています。というのは、実際に彼は、「私の願いではなく、御心のままに行ってください」（訳注34）と言いました。12番目で、私たちは、物質主義の十字の下に精霊の三角形をつけた彼を見つけます。彼は低級な情動を、太陽の純粋な金に変え、最終的には、下に十字がある三角形で立ちます。彼は太陽神のオシリスであり、12人の弟子のいるヨシュア（ヘブライ語のイエス）です。12という数字は、偉大な業につきものです。それは、人格による個性の克服であったり、太陽の力である千金の霊的な気づきであったりします。生木の十字から吊るされる事で、吊るされた男は、頭上の精霊（ケテル）への帰依を象徴しています。

ネツァク、勝利、進歩……女帝……金星

ネツァクは、本能を示しますが、ここで本能を情緒に変換し始めます。ネツァクは感情であり、理性のホドによって均衡を保たれます。ネツァクには、喜びを表現する全ての芸術が含まれます。金星がここに割り当てられています。というのは、金星が愛、美、欲望、魅力、音楽を含む芸術を意味するからです。金星は、セクシャルな愛だけでなく、家族、友だち、グループ間の愛ももたらします。私たちの感覚、情緒、そして感情は、ネツァクの金星的な影響を通して発達します。金星は、頭より心を鍛えるよう教えます。タロットの3番の女帝がここに属します。なぜなら、どちらも母——女神だからです。女帝は、慈悲の柱のすぐ上にいる皇帝の配偶者です。そして、彼女は、愛の果実をふんだんに与えます。

ホド、栄光……魔術師……水星

ネツァクが、潜在意識や情緒を示している一方、ホドは、顕在意や知性を表しています。ホドは、科学と学習の分野で、その惑星は水星ですが、水星はホドと同様、順応性——各人が生き延びるために学ばなければならない最初の事柄の1つ——を象徴します。たわんだ木は、嵐の中を耐え抜きます。

水星は、惑星と神の双方を表します。ギリシャの神ヘルメスは、ローマの神マーキュリー（訳注35）に相当します。そして、ヘルメスは、科学について42冊の本を書いたと言われています。その科学の中には、天文学、占星術、算数、幾何学、医学、音楽、魔術が含まれています。彼は、さらに偉大な魔術師でもありました。彼の杖は、ヒーリング（癒し）アートの象徴として、今日まで生き残っています。マーキュリーには性別が無い、つまり、男性でも女性でもないと言われています。一方、ホドは両性具有で、一人で両性の性質があります。タロットの21番世界に出てくる踊り子も、両性具有と考えられています（この状態は、どちらかの性であるより、高次元な性質である事を意味していると考えられていました）。

タロットの1番の魔術師は、ホドと水星に属しているにもかかわらず、男性の風貌をしています。そして、上方から力を得て、金星の官能的で審美的な力と、水星の知的で伝達に関わる事柄を共に生み出すために使う、創造面での知性を表しています。

イエソド、基礎……女教皇……月

イエソドは、密度の濃い物質の粒子が絡まる構造を持っています。それは、さらに、他のセフィロトからの放射を、マルクトへ通す前に浄化し正します。イエソドは、物理界に存在する全てのイメージを留めていると言われています。従って、人間がこれまでに想像してきたもの全てをそこに留めている、霊妙なあるいはサイキック（心霊的）なセフィラでもあります。

この点から、これは、月（太陽の光の反射物）信仰の大きな集合体の中でも最古のものです。月神話は、近代科学の基礎であると言われています。想像を掻き立てるこれらの神話が無ければ、人間はその動物としての起源から立ち上がる事は無かったでしょう。物理的な月がちょうど、人間が他の惑星に旅立つ時の出発点として用いられるように、イエソドは、マルクトから動き始めて、輝かしいセフィロトへ旅を始める時の私たちの起点です。

月は、情動、潜在意識、本能と繋がりのある惑星です。イエソドがマルクトに現れる個性を作り出すために、上部のセフィロトから特性を得るのと同様、月は、星々からそれらの特質を取り出します。イエソドは、本質的には月の領域で、それ事体月の女神、ダイアナの導きの元にやってきます。タロットの２番の女教皇も月の女神ですので、イエソドに属します。彼女は、さらに、潜在意識に横たわる、知恵と記憶の巻物の守護者でもあります。女教皇の胸にある太陽の十字架は、他のセフィロトから必要なものを取り入れながら、イエソドの機能の均衡を保っている事を示しています。

マルクト、王国……運命の輪……４元素

最後に残った地点、マルクトは、イエソドで純化され、調節されているため、他の全てのセフィロトから影響と放射を受け取ります。マルクトは、力が最終的に形にはめこまれる地点です。ビナーに始まりを持つ至上の母は、内的な母であるマルクトで最高潮になります。両者は、力の２つの異なったタイプではなく、異なったレベルで機能する１つの力です。マルクトが４つの部分に分けられていると考えてみると、それぞれは、４元素の１つに割り当てられます。ここにまとまっているこれらの元素は、マルクト以外のセフィロトの外的な顕現です。

タロットの10番、運命の輪は、マルクトに割り当てられていますが、面白い事に、どちらの番号も、カバラ主義者に大きな意味のある数字、10なのです。カードの四隅には、不動宮、エホバの4文字、そして4元素に対応する生き物がいます。

ライオン	獅子座	I	火
鷲	蠍　座	H	水
人間	水瓶座	V	風
牡牛	牡牛座	H	地

退化と進化の思想が、マルクトの物資界へ至る宇宙の放射エネルギーの象徴であるテュポーン（訳注10）の降下に表現されています。他方、ジャッカルの頭を持ったエジプトの神、ヘルメス―アヌビス（訳注11）は、輪の右側で上がってきますが、意識内でコクマーへ到達するために生命の木を上るという人間の試みを示しています。その上にあるのがケテルで、どの人間もそこへ行く事は無く、足場をマルクトに保ったままのようです。ケテルはここで、静止したスフィンクスの姿をしていますが、下では、観念と力が形を取り、それから終わりの無い周期の中で無へと帰るのです。

外側の円

外側の円には、十二宮と、大アルカナの中でそれに対応しているタロットカードがあります。

牡羊座、牡羊……太陽、19番

牡羊座の象徴は、牡羊の角《つの》です。エジプト神話のアーメン（訳注36）は太陽神と結び付いていました。また、生命と再生の神という初期の役割で彼は、羊の頭をした神でした。最初の火の星座である牡羊座は、原初の海から生じた基盤であり、稲妻です。太陽は牡羊座で高揚しながら、エネルギー、生命、そして行動を与えます。こうして、19番の太陽は、私たちのシステムでは、牡羊座に割り当てられるのです。

牡牛座、牡牛……法王、5番

牡牛座は、地の星座で、安定と成熟した信念を表します。すなわちそれが、世俗的な品物であろうと、思想であろうとも、所有物を保持できる者たちを示します。5番の法王は、牡牛座に属します。というのは、彼が聖職者なのに、自分自身を世俗的な品物でとり囲んでいるからです。彼は、行いが安定し、成熟しており、精神的な見えないものより、外的な形や儀式を好みます。

双子座、双子……恋人たち、6番

双子座は、風の星座で、知性を意味するものの1つでもあります。その基本思想は、平衡です。双子からは、二重性が浮かびますが、彼らは一緒にいます。6番の恋人たちで、ラファエルは風の天使で、超意識を示しており、人間の本質の二面性——意識と無意識、人格の肯定面と否定面——に彼の恩恵を惜しみなく与えます。ラファエルは光を出しながら、この二重性のバランスを取っています。

蟹座、蟹……節制、14番

蟹座のシンボルは、三日月とくっついている2つの小さな太陽から作られ、カップかボールに似ています。下のカップは、水を入れています。蟹が水の星座だからです。また、上のカップはさかさまで、下のカップに水を注いでいるかのようですが、節制の天使に持たれた杯に非常に似ています。天使は、片足を水中に、もう片方の足を地につけて立ちながら、片方の杯からもう片方の杯へ、命の水を注ぎ込みます。蟹は、外側が硬く、内側が柔らかいのですが、これは、多くの場合、非常に敏感で感情的な蟹座の人々の特徴です。蟹座は、月に支配されているので、蟹座の人々は、しばしばサイキック（心霊的）です。

獅子座、ライオン……力、８番

獅子座は火の星座で、太陽の力を伴っています。そこには、輝き、権威、求心力があります。獅子座は、スピリチュアルな輝きで、ライオンを制御する８番の力の女性がするように、物事を自分の方へ引き寄せます。力の女性の頭上には、魔術師の頭上にある宇宙的レミスケートと同じものがあり、獅子座のライオンに象徴されているものと同じ力を、自然に及ぼしている事を示しています。

乙女座、乙女……隠者、９番

地の星座の乙女座には、考察し、熟慮する傾向があります。これは、理想を追い求め、それが見つかるまで満足しない人々の星座です。山頂で真実を探求している隠者は、乙女座のキャラクターです。恐らく、彼は、自分のために真実を探しているだけではなく、下にいる者たちがそれを見つけるのも助けているのでしょう。それで、自分のカンテラを高く掲げているのです。

天秤座、天秤……正義、11 番

天秤座は、風の星座なので、態度が知的です。それは、平衡、平静、平和を意味します。天秤を持った女性の正義ほど、これに合ったタロットカードがあるでしょうか？　彼女の目は見開いていますので、人間たちの諸事に、平衡と平和の双方をもたらす事ができます。

蠍座、蠍……審判、20番

蠍座は、水の星座なので、情緒を扱います。死と再生の両方に関係していると言われています。タロットの20番は、最後の審判と呼ばれる事もありますが、人の意識の最終段階を示しており、それは、最終的に物質の墓場から立ち上がったものです。死んだかのように、自分たちの棺が広大な潜在意識の海を漂っている者たちは、最後の解放をもたらすトランペットのひと吹きによって、今、再び生き返ります。

射手座、射手……戦車、７番

射手座は、２つの体を持った火の星座で、大きな行動力と統率力を示しています。射手座は、思想の世界を遠く旅する、ニューソート（新思想）の使者です。

山羊座、山羊……悪魔、15番

山羊座は、山羊の角《つの》に基づいた地の星座です。これは、支配者、軍人、管理者の象徴です。彼らの全ては、物質界で実践的であり、行動する事ができます。山羊座は、３つある地の星座の中でも最も地らしい星座で、物質的な楽しみやセックスだけでなく、科学や科学的な方法に自らとりこになります。15番で、悪魔は山羊の角をつけ、無知と欲のため、自分たちに役立つと思われるものに捕われる男女たちに、台の上に押し上げられています。

水瓶座、水運搬人……星、17番

水瓶座の象徴は、水が水運搬人の壷から流れた時、できる波を示しています。これは、風の星座なので知的です。個人的ではない愛と利他主義を持って、水瓶座は、全ての人間に施しを与え、彼らの問題を取り扱います。17番の星は、瞑想、知的な職業、問題解決の理解に到達している心のカードです。水瓶座は、直観的と言われ、オカルト研究を愛したり、心を自然に瞑想に任せるのを好みます。

魚座、魚……月、18番

魚座は、情緒と関係した水の星座です。その象徴は、互いに並列していながら、違う方向を向いている二匹の魚か、背中合わせで置かれ、真中を紐で一緒にした2つの三日月から成り、無限の宇宙意識に繋がった有限の人間の意識を表しています。人間は、時に制御しようとも、本質にある原始的で情緒的な面から解放される事はありません。18番の月には、原始人からの人間の進化や、人間が進むべき道のたくさんの象徴があります。魚座は、占星術の最もサイキック（心霊的）な象徴で、月は、最もサイキック（心霊的）なタロットカードです。どちらの意味も、人間が長旅に出た時の誘惑に満ちた道筋を示しています。

春分は、最近、魚座から水瓶座へと動きました（訳注37）。魚座の前は、牡羊座、その前は牡牛座にありました。牡牛座（時代）では、牡牛（あるいは子牛）が神聖視されていました。未だにスペインではそれが続いています。スペインでは、儀式的な闘牛が、何千年もの間、象徴主義を保っているのです。モーゼが、金の子牛を敬っていると人々をののしった時、それは、彼が人々の偶像崇拝を好まなかったというだけでなく、牡牛座の時代が終わって、牡羊を伴った牡羊座が、新しい秩序となった事を示しています。魚座時代は、イエスの時代の頃に訪れました。そして、その象徴である魚は、キリスト教の象徴学で広範囲に使われました。今、私たちは、水瓶座の時代に入りつつありますが、変遷の間には思想と礼拝の混乱が起こりがちです。

キリスト教は、私たちも気づいているように、多くの人々から活力がなくなったと思われていますが、まだ新しい水瓶座の宗教は、現れていません。多くの予言は、新しい救世主が既に東方に生まれ、現状の宗派全てが布教に加わる事のできる、普遍的な宗教へ導くだろうと言っています。タロットと占星術は、どちらも力と形を組み合わせ、バランスを取る事が必要だと説いています。そして、それらの信奉者は、恐らく最初に水瓶座時代初頭の宗教を認め、それに従う者たちの一部となるでしょう。

8

エピローグ——愚者の旅

愚者は、全タロットデッキの中で1番重要なカードかもしれません。パックによっては、彼は宮廷の道化師として描かれているようですが、この本で私たちが使っているアーサー・エドワード・ウェイトのデッキでは、その内なる意味に添うようにカードを描き直しています。ウェイトは、ある所で愚者について次のように語りました。

彼は、このデッキ内を旅する、想像の世界から来た王子である。全ては朝の輝きと張り詰めた空気の中にある。背後で輝いている太陽は、彼がどこから来たのか、どこへ行こうとしているのか、長い日々の後にどうやって他の道から帰ってくるのかを知っている。彼はどの経験も持つ精霊である。

クール・ド・ジェブランは、それを1セットのカードの一番頭に、計数法でも最初になるゼロあるいは無として置いている。これが、より単純で、便利な順序であるからだ。この順序はずっと見捨てられていた。というのは、後の時代に、カードがヘブライ文字に割り当てられると、番号を示す全ての文字の中で、ゼロの象徴を割り当てるのは、難しいからである……カードの本当の順序は決して知られないというのが真実である。

ウェイトは、著書「The Pictorial Key to the Tarot（新タロット図解）」の中で、愚者を20番と21番の間に置いています。ここでは、愚者を0番として、1番の前に置きました。愚者がごく普通の人間の魂を表しているからです。それは、肉体を得た後、地上に現れ、潜在意識の元型とも考えられる大アルカナの21枚のカードに描かれた人生の経験を通っていくのです。

各読み手は自分の想像力を使って、ここで魂の探求への独自の地図を見つけましょう。これらは、私たち各人に深い意味を持つ象徴なのですから。

魔術師と女教皇で、愚者は、女帝に描かれた自然の恵みを創り出すために、顕在意識と潜在意識、両面の使い方を学びます。皇帝は、支配者の役割を示し、法王は、宗教団体の長の地位を表しています。恋人たちでは、調和のある人生を送るためには、潜在意識を通じて、超意識に助言を求めるべきだという事を習います。

知性と意志を使って、愚者は、自分の情動を操れる限り、成功の戦車に乗る事ができます。8番の力の女性は、彼に、精神的な強さを用いる事によって、彼の周りの動物界だけでなく、自分自身の中にある低級な力も制御できる事を指し示します。隠者は、真実のカンテラを持って、霊的な道へ彼を導く事を申し出ます。愚者が運命の輪に到着すると、彼の修行時代は終わります。今後、彼は立ち上がるのも転ぶのも自分自身でします。一方、彼の魂を表すスフィンクスは彼を傍観しています。彼は、正義で、均衡の取れた人格を得て、古臭さや無駄を排除する事を学びます。

彼は、精霊に降伏し、自分の小さな欲望をもっと大きな欲求のために犠牲にした、吊るされた男です。13番は、彼に、死は再生の形にもなり得るもので、恐れるべきものではないと示します。大天使のミカエルは、彼に、命の水を霊界から現実界へと注ぎ込む事で、どうやって創造的な事をするかを教えます。彼は、全ての生命の秘密と、その使い方を教えられていますが、15番で悪魔に、その新しく見出した力を、利己的な生活と物質的な享楽のために使うよう、そそのかされます。

愚者は、彼の物質的な塔から払い落とされ、霊的な洞察の光によって、自分が与えられた永遠の知識を学び、実行するために、地上にいる事を気づかされます。鍛錬され、今は瞑想を学び、破壊が最終でない事を発見します。しかし、またもや、月のカードで、今度は、個人的な栄光のために、サイキック（心霊的）な力を使うように誘惑されます。そして、彼は、上に向かう道が、曲がっているばかりでなく、わなに満ちている事を知ります。19番で、とうとう、彼は、自分の学習を充分に行い、その学習は、習慣化しました。彼は、物理的な馬をコントロールしながら前へと進みます。裸でいるのは、彼には、何も隠すものが無いからです。髪についている赤い羽根は、彼が今、動物界への影響力を持っている事を表し、彼に向かっているひまわりは、全ての自然が、発達した魂に、未来も成長するように促している事を示しています。

次に、彼は、天使ガブリエルと共に、霊的な生活の栄光に気づくよう、全ての人間に呼びかけます。こうして、彼の旅は終わるのです。愚者は、最初と同様、精霊となります。しかし、彼は、物質界の洗礼を経験しました。物質界で、彼は多くの役割を演じ、世界の真中で、生命のダンスを踊りながら、退化と進化の双方の均衡を取る事を学んだのです。

象徴の用語集

ANGEL (天使)	1. ラファエル、風の天使、超意識の象徴。(6番) 2. ミカエル、火と太陽の天使。(14番) 3. ガブリエル、水の天使。(20番)
ANKH (アンサタ十字)	エジプトの生命のシンボル、発生のシンボル、雌雄の結合。(4番)
ANUBIS (アヌビス)	ジャッカルの頭をしたエジプトの神。低次元から高次元なレベルへの意識の変革を表す。ヘルメス、あるいはマーキュリーに相当するエジプトの神であり、自意識、知性を意味している。(10番)
BANNER (旗)	(スタンダード、フラッグとも言う)物質的な束縛、活動、波動からの自由を指す。左手に持たれると、波動のコントロールが右手(自己意識)から左(潜在意識)に移り、無意識的になった事を示す。(13、19、20番(訳注38))
BULL (牡牛)	占星術では、牡牛座。ペンタクルのスートに割り当てられ、ペンタクルのカードが、地の元素に属する事を示している。
BUTTERFLY (蝶)	魂の不死性と風の元素の象徴。ソードのナイト、クイーン、キングは、カードのデザインの中に蝶がある。
CAT (猫)	黒猫は、金星の不吉な相を示している。
CHAIN (鎖)	制限、多くを自分に課す事。
CIRCLE (周期)	永遠、精霊。
CRESCENT (三日月)	魂。
CROSS (十字架)	太陽の十字架には等軸があり、男性的、プラスの要素(垂直)と女性的、マイナスの要素(水平)の結合、あるいは神と地上の結合を指す。(2、20番)
CROWN (王冠)	到達、卓越。宇宙の意図に反するような意思。創造的で形成中の物質的な言葉を表す。(3、5、16番)

CUBE （キューブ）	立方体を表すこともある。現世的な、物質的な顕現を表す。秩序と基準。過去にあり、現在も存在し、未来にもあるもの。（15番）
CUPS （カップ、杯）	水の概念に関わる（小アルカナ、カップのスートを参照）。カップは知識と保護の象徴である。愛、喜び、楽しみも意味する。（14番）
CYPRESS TREE （イトスギ）	ビーナスに捧げられたもの。（3番とソードのコートカード）
DEVIL （悪魔）	人間が物質的な条件で束縛されているとか、必然性や読めない偶然への奴隷であるという誤った概念を象徴化したもの。悪魔は霊的な無知によって悟性と分離された感覚である。（15番）
DOG （犬）	人間にとっての友達、支援者、仲間。全ての人間以外の生命体は、人間の意識の進歩によって高められ、前進する事を示している。（0、18番）
DOVE （鳩）	精霊の降下、平和。
EAGLE （鷲）	四季、あるいは小アルカナの4つのスートを意味する象徴の一つ。鷲は十二宮の8番目の星座である蠍座（蠍）に関連している。力の象徴である。（10、21番）
EARTH （地上）	有形で物質的な顕現の象徴。（14、17番）
ELLIPSE （楕円）	超意識。（21番）
FIGURE EIGHT ON ITS SIDE （横になった8の字）	永遠の生命、宇宙的レミニスケート。意識と潜在意識、生命と感覚、欲望と感情間の調和の取れた相互作用。物質への支配も意味する。（1、8番）
FISH （魚）	着想あるいは思想。カップのキングでは、魚は普遍的な潜在意識の海からやってくるのが見える。カップのページでは、自分の潜在意識から生まれている。

FLAME （枠）	精霊。
FLOWERS （花）	白い花は、霊的な思惟、愛、幸福である。赤い花は、人間の欲望である。
FRUIT （果物）	豊饒。
GLOBE （地球）	（Orb of the World　世界の宝球を参照）支配の象徴。（4番）
GNOMES （ノーム）	地表の下に住む精。ペンタクルのスートと関係している。
GOAT （山羊）	ペンタクルのクイーンで、玉座の腕に描かれている時は肥沃。15番の悪魔の場合は、性的倒錯や、性的な放蕩。
GOLD （金）	太陽の金属。
GRAPES （葡萄）	豊かさ、喜び。葡萄の木：豊かに楽しくあり続けて、成長する事。
HAND （手）	右手は、肯定的で男性的。左手は、否定的で女性的。
HEART （ハート）	ハートの形の象徴は、潜在意識や感情に関係する。（3番）
HORSE （馬）	太陽エネルギーの象徴、あるいは管理され、制御された生命力。（13、19番）
IHVH	古代ヘブライ語では、エホバの名のイニシャル。Iは火、Hは水、Vは風、Hは地。（10番）
IRIS （アイリス）	14番では、ギリシャの虹の女神であるイリスを示す。
KEYS CROSSED （交差した鍵）	秘密の教義。1つは銀で、もう1つは金である（訳注14）。放射エネルギーを持つ月光、陽光の流れを表す。（5番）

LAMP (ランプ)	霊的な光、知性。
LEAVES (葉)	成長、活力。
LIGHT (光)	霊的な放射物、神の活動、生命。
LIGHTNING (稲妻)	霊感のひらめき。カバラの生命の木を降りていく生命力。
LILY (百合)	欲望に染まらない、抽象的な考え。(1番)
LION (ライオン)	百獣の王。獅子座。強力な(人間より)下等な力の全てを表す。火星(戦い)をも表す。(8、10、21番)
MIRROR OF VENUS (ビーナスの鏡)	円が上にある太陽の十字架。金星の象徴。豊饒を表す。(3番(訳注39))
MOON (月)	占星術上では女性的な人格の象徴。潜在意識下の心の象徴でもある。潜在意識の反射光。(2、18番)
MOUNTAINS (山)	(雪に覆われた頂上)数学の冷たい、抽象的な原理を示している。それは、宇宙的な顕現の暖かく、多彩で生き生きした活動の背後と上方にある。 抽象的な思惟の高さ。知恵と理解。(0、6、14、20番)
ORB OF THE WORLD (世界の宝球)	神あるいは精霊に支配された地球を表す伝統的な象徴。(4番)
PALM (シュロ)	死に対しての勝利の象徴。また、生命の男性的な面の象徴。女教皇の後ろにある幕に見られるような活動的な力。(2番)
PATH (道)	霊的な到達への道。またタロットの中で説かれる奥義の知識。(14、18番)
PENTACLE (ペンタクル)	魔除けの形をした五線星形。悪霊から身を守ると信じられている。(ペンタクルのスート及び15番参照)

PENTAGRAM (五線星形) [ソロモンの印章]	五茫星。元素に対する精神の支配を表現している。肉となった言《ことば》(訳注40)の象徴。その先端の方向によって、秩序か混乱を表すようである。(五線星形は、ペンタクルのスートでは上向きになっているが、15番では下向きになっている事に注意)
PILLAR (柱)	1. 白い柱(ヤヒン)は、全ての物事に備わった原則や、生命のプラス面を打ち立てる。すなわち光。 2. 黒い柱(ボアズ):活動の否定、惰性。すなわち闇。(2、5、11番)
POMEGRANATES (ザクロ)	生命の女性的、受動的な面。生産力。(2番)
PYRAMID (ピラミッド)	物質的な面としての地球。ピラミッドの三角形の表面は、創造の三重の原理を示している。
RABBIT (うさぎ)	繁栄のシンボル。
RAINBOW (虹)	将来の加護と幸福をもたらす神からの徴《しるし》
RAM'S HEAD (羊の頭)	火星の象徴、戦い。力、指導力。十二宮の最初の星座でもある(牡羊座、牡羊)。(4番)
ROSE (バラ)	1. 白バラ。欲望と情熱の低次元な形からの自由。 2. 赤バラ。性愛、自然、欲望を表す。 どちらも洗練された花であり、文化活動を示している。(0、1番)
SALAMANDER (サラマンダー)	トカゲのような生き物で、火の中でも生きられる。ワンドのスートの精である。コートカードの中でも使われている。
SCALES (秤)	バランスの取れた判断。(11番)
SCROLL (巻物)	律法、秘密の奥義。潜在意識に刻まれた過去の出来事。(2番)
SERPENT (蛇)	知恵の象徴。人間に自分自身の知識を試している。秘密、機微。尾を噛んでいる蛇は、常に変容している法を表し、顕現に降りてくる放射エネルギーを示す。(1、6、10番)

SHELLFISH （ザリガニ）	意識の開示の初期段階。蟹座に関わっている。醒めている意識の領域に侵入し、恐怖を高めることもある。（18番）
SHIP （船）	物質的な宝。
SILVER （銀）	月の金属
SPHINX （スフィンクス）	人間と動物の特性の組み合わせの象徴。白いスフィンクスは、慈悲を示し、黒いスフィンクスは、峻厳を表す。時に、スフィンクスは、謎をかけられ続けている人間の感覚を意味する。（7、10番）
SQUARE （四角）	堅固な事、地球の固さ。
STAFF （杖）	魔術師の道具、力の象徴。
STAR （星）	十二宮の6番目の星座を暗示する。六芒星（六線星形）は、偉大なる世界の法への支配を意味する。(9番)　一方、八芒星は、宇宙の秩序、放射エネルギーを表す。（17番）
STONE （石）	Abn（アブン）はヘブライ語で石である。Aba（アバ）はアルファベットの最初の2文字からできており、意味は「父」（アブラハムにあるように）である。Bn（ブン）は「息子」を意味する（例えば、ベングリオンは、グリオンの息子である）。このように、石は、父と子、霊と身体の結びつき、また神の叡智と人間の知性の結びつきを象徴している。「わたしはこの石の上にわたしの教会を建てる(訳注41)」（父と子は同一であるという理解の元に立っている）ダビデは、ゴリアテ（訳注42）を石で倒した。そして、これを理解する事によって、私たちは、誰もが人生のゴリアテを倒す事ができる。
STREAM （流れ）	永遠に宇宙意識の大洋に流れる生命の要素を象徴している。
SUN （太陽）	光源。放射エネルギーの発生源。全ての生物が自分たちの個々のエネルギーを得る源。（0、6、13、19番）
SUNFLOWERS （ひまわり）	豊かな自然。(19番)

SWORDS (ソード、剣)	破壊的か建設的いずれかの活動を示す。(ソードのスート参照)また、法の厳しさも表す。陳腐な形式の排除を意味する場合もある。(11番)
SYLPH (シルフ)	キューピッドに少し似た風の精。ソードのスートに関係している。
TOWER (塔)	間違った科学を基礎に築かれた人間の創造物あるいは個性を表す。誤解。個人的な孤独による誤った考え。(13,16,18番)
TREE (木)	1. 善悪を知る木。5つの果物が実っており、五感を表している。(6番、イブの後ろ) 2. 生命の木。12個の果物が実っており、十二宮の星座を表す。(6番、アダムの後ろ) 注:生命の木と善悪を知る木の名の元に、古くからの偉大な奥義、平衡の神秘が隠されている。生命の木は、天秤の霊的な平衡点、不死の秘密を示している。善悪を知る木は、対立、あるいは不均衡、死の秘密を表す。未だに人間は善悪の世界をさまよっているが、世俗にまみれた迷妄の庭で成長しながら、最終的には完結し、生命の木の果物を食べる。
UNDINE (オンディーヌ)	水に住む精で、カップのスートと関係している。オンディーヌは、カップのクイーンの玉座の表面に見える。
VEIL (ベール、幕)	隠された事柄や考えを示す。処女性の象徴。自己意識レベルへの集中的な衝動に幕が引き裂かれ、貫かれた時のみ、潜在意識の創造的な活動が実現され、現実化する。(2、11番)
WAND (ワンド、棒)	意思と力の象徴。絶え間無い生命の再生を示す。男根を意味することもある。(ワンドのスート及び21番参照)
WATER (水)	潜在意識及び情動を象徴している。池にある水は、宇宙的な精神の要素の貯蔵を象徴している。要素は瞑想によって、波動となって動く事ができる。(14,17,18,20番)
WATER LILES (スイレン)	永遠の命。
WHEAT (小麦)	豊かさと肥沃。ハトホル-イシス及び全ての母神。(3番) 神あるいは精霊に支配された地球を表す伝統的な象徴。(4番)

WHEEL （輪）	宇宙的な表現の全サイクルの象徴。中心あるいは中心軸は、元型あるいは思惟の世界である。内側の円は創造的世界であり、中側の円は形成的世界であり、外側の円は物質世界である。8個の輻（や）は八芒星のように、宇宙の放射エネルギーのチャンネルを表している。（7、10番）
WOLF （狼）	人間がならし、整える前の自然の形を象徴する。（18番）
WREATH （花輪）	自然の力、成長するものの領域を表す。（3、8、21番）
YOD （光の粒） [ヨッド]	ヨッドはヘブライ文字で、人間の両手を意味している。力、技能、機敏さを示す。上方からの生命力が物質的な存在の状態へ降下する事。乙女座に対応する。（16,18番）
ZERO （ゼロ）	質、量、かさの無い事の象徴。全ての限界からの絶対的な自由を意味する。無限で永遠の意識エネルギーの象徴。超意識。（0番）
ZODIAC （十二宮）	存在の周期の象徴。

著者の参考文献

・BENJAMINE, ELBERT（C.C. Zain）: Sacred Tarot.
Los Angeles: Church of Light, 1935.

・CASE, PAUL, FOSTER: The Tarot.
New York: Macoy Publishing Co., 1947.

・CROWLEY, ALEISTER: 777 Revisited.
London: Neptune Press, 1955.

・CURTISS, HARRIETTE, and HOMER, F.: The Key of Destiny.
San Fransisco: Curtiss Philosophic Book. Co., 1923.

・Fortune, Dion: The Mystical Qabalah.
London: Williams & Margate, Ltd., 1938.

・FRATER, S.M.R.D., and others: Book "T"— The Tarot.
Gloucester, England: Helios, 1967.

・GRAY, EDEN: Recognition—Themes on Inner Perception.
Stroudsburg, Pa.: Inspiration House Publications, 1969.

――――――: The Tarot Revealed.
New York: Bell Publishing Co.（Crown）, 1969.

・GRAY, WILLIAM, G.: The Ladder of Lights.
Toddington: Helios Book Service, Ltd.,1968.

・INSIGHT INSTITUTE: How to Read the Tarot（study course）.
Worcester Park, England.

・KNIGHT, GARETH: A Practical Guide to Qabalistic Symbolism.
（Vols. 1 and 2）.
Toddington: Helios Book Service, Ltd., 1965.

・LIND, FRANK: How to Understand the Tarot.
London: Bazaar, Exchange and Mart, Ltd.

・MATHERS, S.L., MacGregor: The Tarot（pamphlet）.
New York: Occult Research Press.

・MAYANANDA: The Tarot for Today.
London: Zeus Press, 1963.

・PAPUS: The Tarot of the Bohemians.
New York: Arcanum Books, 1958.

・PUSHONG, CARLYLE A.: The Tarot of the Magi.
London and New York: Regency Press, 1969.

・RAKOCZI, BASIL IVAN: The Pointed Caravan.
The Hague: L.J.C. Boucher, 1954.

- WAITE, ARTHUR EDWARD: The Pictorial Key to the Tarot.
  Wm. Rider & Son, Ltd.: London, 1922.
- WESTCOTT, WILLIAM WYNN: The Study of the Kabalah.
  New York: Allied Publications.

——————— : The Sepher Yetzirah (translation). Pamphlet.
  New York: Occult Research Press.

索 引

A

Ain Soph Aur アイン・ソフ・アウル 220, 230
Air 風 30, 36, 40, 66, 70, 75, 76, 227, 231, 237, 240, 246
Aleph アレフ 229, 231, 232
Angel 天使 40, 56, 68, 106, 200, 211, 214, 227, 240, 261
Ankh (Crus Ansata) アンサタ十字 36, 261
Anubis アヌビス 48, 212, 246, 261
Aquarian Age 水瓶座時代 217, 234, 251
Aquarious 水瓶座 48, 176, 178, 231, 238, 239, 240, 246, 250
Archetypes 元型 19, 221, 232, 255
Aries, the Ram 牡羊座、牡羊 175, 178, 213, 231, 234, 238, 239, 246, 250, 265
Assiah アッシャー 221, 227
Astrology 占星術 8, 15, 16, 23, 24, 175, 205, 231, 234-251
Atziluth アツィルト 221, 227, 228
Automatic Writing 自動筆記 198
Ayin アイン 230

B

Banner 旗 54, 66, 68, 261
Beasts (of the Apocalypse) 獣(黙示録の) 70, 76, 183
Beth ベト 231
Bible 聖書 32, 48, 206, 210, 217
Binah, 3rd Sephiroth ビナー、三番目のセフィロト 219, 221, 222, 227, 230, 231, 238, 239, 240, 245
Birds 鳥 130, 148
Blavastsky, H.P. ブラヴァツキー 206
Book of Thoth, the トートの書 19
Briah ブリアー 221, 227, 228
Bull 牡牛 48, 156, 240, 246, 247, 261
Butterflly 蝶 132, 134, 136, 261
Byron, Lorad (George Gordon) バイロン卿(ジョージ・ゴードン) 235

C

Cancer 蟹座 174, 176, 178, 231, 238, 239, 247
Counterbury Tales カンタベリー物語 235
Capricorn, the Goat 山羊座、山羊 174, 176, 180, 231, 238, 239, 249
Case, Paul Foster ポール・フォスター・ケース 18, 211
Chakras チャクラ 56, 62
Chariot, The (Key7) 戦車(7番) 40, 42, 66, 190, 211, 231, 239, 249, 256
Chesed, 4th Sephiroth ケセド(4番目のセフィロト) 201, 202, 219, 223, 230, 231, 238, 239, 241
Cheth ケト 231
Chokmah コクマー 219, 222, 223, 225, 227, 230, 231, 232, 238, 239, 240, 241
Christ, see Jesus Christ キリスト〈イエス・キリストを参照〉
Clubs (suit) クラブ(スート) 7, 76
Cosmic lemniscate 宇宙的レミニスケート 30, 44, 70, 141, 211, 248, 262
Court cards コートカード 7, 9, 76, 162, 163, 169, 183, 228, 229
Crayfish ザリガニ 64
Crescent (moon) 三日月 32, 42, 247, 250, 261
Cross 十字(架、形) 52, 68, 70, 81, 100, 201, 209, 213, 243, 245
　solar 太陽の十字架 32, 261, 264
Crowley, Aleister アレイスター・クロウ

リー　19
Crown 王冠、冠　38, 48, 50, 60, 96, 222, 261
Crux Ansata アンサタ十字　36
Cupid キューピッド　40, 154, 210
Cups (cards) カップ(カード)　7, 75, 76, 100, 101, 191, 192, 227, 262
Cypress trees イトスギ　34, 132, 136, 262

D

Daath ダート　183, 184, 185
Daleth ダレト　231
Death (Key 13) 死神、死(13番)　54, 190, 213, 231, 238, 239, 241, 256
Devel, The (Key 15) 悪魔(15番)　58, 60, 190, 207, 231, 239, 249
Diamonds (suit) ダイヤ(スート)　7, 76
Devination 未来予知、占い〈リーディングの欄を参照〉 15, 229, 234
Divine Comedy 神曲　234
Dogs 犬　28, 64, 262
Dogma and Ritual of Transcendental Magic 高等魔術の教理と祭儀　17
Dove 鳩　100, 262
Dreams, Key of 夢のカード　64

E

Eagle 鷲　28, 48, 77, 240, 262
Earth 地、地球、地上　30, 36, 62, 66, 70, 75, 76, 227, 237, 246, 247, 262
Egypt エジプト　14
  mythology of エジプト神話　15, 236, 246
Egyptian Tarot cards エジプシャンタロットカード　181
Elementals 精　77, 96, 263
Elements (Air, Fire, Water, Earth) 元素(風、火、水、地)　30, 36, 66, 70, 75-76, 227, 237, 240, 246
Eliot, T.S., T.S. エリオット　19
Emperor, The (Key 4) 皇帝(4番)　36, 40, 56, 163, 190, 209, 223, 231, 238, 239, 241, 243, 256
Empress, The (Key 3) 女帝(3番)　32, 34, 62, 190, 209, 231, 238, 239, 243, 256
Etteilla エッティラ　16
Ezekiel エゼキエル　48

F

Fire 火　30, 36, 56, 60, 66, 70, 75, 76, 90, 92, 96, 223, 226, 227, 231, 237, 240, 246
Fish 魚　54, 110, 116, 250, 251, 262
Flowers 花　44, 83, 105, 156, 263
Fool, The (Key 0) 愚者(0番)　17, 18, 19, 23, 24, 28, 42, 48, 50, 56, 64, 66, 68, 190, 199, 208, 212, 229, 231, 232, 237, 238, 239, 240, 255, 256
Four Worlds (of the Kabalah) 4つの世界(カバラの)　221, 227, 228, 229

G

Gabriel (angel) ガブリエル(天使)　68, 257, 261
Gautama Buddha ゴータマ・ブッダ　46
Gébelin, Court de クール・ド・ジェブラン　16, 75, 255
Geburah, 5th Sephiroth ゲブラー、5番目のセフィロト　186, 202, 219, 223, 224, 228, 230, 231, 238, 239, 241, 242
Gemini, the Twins 双子座　175, 178, 179, 231, 238, 239,247
Genesis 創世記　220, 232
George, Llewellyn ルウェリン・ジョージ　235
Gimel ギメル　231

Globe (of dominion) 地球、地球儀(支配の) 34, 36, 81, 263
Gnome ノーム 77, 263
Gnostics グノーシス主義 14
Goat 山羊 58, 154, 249, 263
God 神 14, 36, 202, 208, 210, 217, 220, 224, 232
Great Pyramid 大ピラミッド 234
Great Work 偉大な業 52, 213, 215, 243
Gresham, William Lindsay ウィリアム・リンゼイ・グレシャム 19
Gringonneur, Jacques ジャック・グランゴヌール 16
Gypsies ジプシー 13, 14, 15, 163, 236

H

Hanged Man (Key 12) 吊るされた男(12番) 23, 52, 178, 179, 190, 231, 238, 239, 242, 243, 256
Heart (Symbol) ハート、心(象徴) 34, 122, 243, 263
ハート(スート) 7, 76
Hebrew alphabet ヘブライ文字 15, 17, 18, 206, 229, 231, 236, 255
Heh ヘー 231
Helios ヘリオス 225
Hercules ヘラクレス 52
Hermaphrodite 両性具有 70, 244
Hermes (Trismegistus) ヘルメス(トリスメギストス) 23, 112, 225, 244
Hermes-Anubis (Egyptian god) ヘルメスーアヌビス(エジプトの神) 48, 212, 246, 261
Hermetic Order of the Golden Down ゴールデン・ドーンのヘルメス団 17, 18, 229, 237
Hermit, The (Key 9) 隠者(9番) 46, 52, 64, 123, 190, 212, 231, 239, 248, 256
Hidden Power, The 隠れた力 32
Hierophant, The (Key 5) 法王(5番) 14, 23, 38, 48, 50, 58, 163, 190, 210, 231, 239, 247, 256
High Priestess, The (Key 2) 女教皇(2番) 32, 34, 38, 50, 68, 190, 200, 209, 231, 238, 239, 245, 244
Hod, 8th Sephiroth ホド、8番目のセフィロト 219, 225, 230, 238, 239, 244
Horns 角 58, 246, 249
Horoscope Method ホロスコープ法 175-180
Horoscopes and astrological predictions ホロスコープと占星術の予言 234-237
Horse 馬 54, 66, 257, 263

I

Ibis トキ 15, 62
Initiations, initiate (秘伝、秘儀の)伝授、伝授者、洗礼 36, 42, 64, 66, 212, 215, 257
Introduction to Astrology 235
Intuition 直観 64, 186, 199
Iris アイリス(花)、イリス(女神) 56, 232, 263
Isis イシス 32, 34
Israel イスラエル 14, 213

J

Jachin and Boaz (pillers) ヤヒンとボアズ(柱) 32, 38, 50, 201, 265
Jacob ヤコブ 213
Jehovah (IHVH) エホバ 36, 48, 75, 227, 246, 263
Jesus Christ イエス・キリスト 206, 210, 212, 213, 214, 220, 232, 234, 250

Joshua ヨシュア　210
Judgment（Key 20）審判（20番）　68, 190, 215, 231, 238, 239, 249
Jung, C.G. C.G. ユング　19
Jupiter 木星　231, 238, 239, 241
Justice（Key 11）正義（11番）　50, 190, 211, 212, 231, 237, 239, 248, 256

K

Kabalah カバラ　14, 15, 16, 17, 18, 38, 75, 142, 183, 198, 205, 208, 216, 217-233, 236, 237, 241, 242
Kabarah Unveiled The ヴェールを脱いだカバラ　17
Kaph カフ　231
Kether,1st Sephiroth ケテル、1番目のセフィロト　219, 220, 222, 224, 226, 227, 230, 231, 232, 238, 239, 240, 242, 243
Keys（as symbols）鍵（象徴としての）38, 263
Keys（Mejor Arcana）大アルカナ　21-71
King Arthur（アーサー王）213, 232
Kings（Cards）キング、王（カード）76, 96, 116, 136, 156, 162, 223, 228, 241
Knight Gareth ガレス・ナイト　18
Knight ナイト　9, 76, 92, 112, 133, 152, 162, 228

L

Lamed ラメド　231
Lamp ランプ　46, 212,264
Lantern カンテラ　46, 248, 256
Layout（カードの）並べ方　163-164
　Horoscope Method（ホロスコープ法）174, 175-180
　Keltic Method（ケルト十字法）168, 169-173
　Tree of Life Method（生命の木法）182, 183-189
Leaves（as symbol）葉（象徴としての）264
Lemniscate, see Cosmic lemniscate レミニスケート〈宇宙的レミニスケート参照〉
Leo, Alan アラン・レオ　235
Leo, the Lion 獅子座　48, 174, 176, 178, 179, 231, 238, 239, 240, 246, 248, 264
Levi, Eliphas エリファス・レヴィ　17
Lewi, Grant グラント・ルイ　235
Libra, the Scales 天秤座　174, 176, 178, 231, 237, 238, 239, 248-249
Life-force 生命力　24, 48, 54, 56, 60, 64, 68, 199, 202, 208, 240
Lightning 雷、稲妻　60, 232, 242, 264
Lilly, William ウィリアム・リリー　235
Lilly (Water Lilly) 百合（スイレン）　30, 38, 81, 100, 140, 264
Lion ライオン　44, 76, 94, 96, 101, 211, 240, 246, 248, 264
Lovers, The（Key 6）恋人たち（6番）40, 190, 200, 207, 210, 218, 231, 238, 239, 247, 256

M

Magic 魔術　8, 28, 77
Magician, The（Key 1）魔術師（1番）30, 36, 40, 48, 96, 190, 209, 214, 215, 231, 237, 238, 239, 244, 248, 256
Major Arcana 大アルカナ　7-8, 13, 15, 17, 18, 21-25, 164, 208, 237, 232, 233, 237, 238, 246, 255
Malkuth, 10th Sephiroth マルクト、10番目のセフィロト　219, 220, 223, 224, 226, 227, 228, 230, 231, 237, 238, 239, 240, 242, 244, 245

Mars 火星、マルス　36, 54, 223, 225, 231, 238, 239, 241, 265
Marseilles Tarot deck, マルセイユ版タロットデッキ　16, 17
Masonic Order フリーメーソン団　14, 16, 142
Mathers, S.L. MacGregor　S.L.マクレガー・メイザーズ　17
Meditation 瞑想　8, 40, 56, 62, 195-202, 226, 250, 256
Mem メム　231
Mercury 水星、マーキュリー　38, 225, 231, 238, 239, 244
Metapysics 形而上学　8, 40, 205, 224
Michael (archangel) ミカエル(大天使) 56, 58, 256, 261
Minchiati (Tarot set) ミンキアーテ(タロット)　16
Minor Arcana 小アルカナ　7, 30, 60, 75-77, 216, 221, 227
Mirror of Venus ビーナスの鏡　264
Monde Primitif, Le 原初世界　16
Moon 月　32, 56, 64, 66, 107, 121, 186, 231, 238, 239, 241, 244, 245, 247, 250, 264
Moon, The (Key 18) 月(18番)　64, 185, 190, 215, 231, 238, 239, 244, 250, 256
Morals and Dogma of the Scottish Rites　19
Moses モーゼ　217, 250
Mountains 山　28, 36, 40, 46, 68, 264
Mythology, Egyptian エジプト神話　15, 236, 246

N
Nebulae 星雲　239
Necromancy, number of 降霊の数字　213
Neptune 海王星　235, 240
Netzach, 7th Sephiroth ネツァク、7番目のセフィロト　219, 225, 230, 231, 238, 239, 243
New Model of the Universe 宇宙の新しいモデル　19
New Thought ニューソート(新思想) 19, 224, 249
Nightmare Alley 悪夢の裏道　19
Numbers, and the Tarot 数字とタロット 206-216
  Pytagorean method ピタゴラス法 206-208
Numerology 数秘学　8, 15, 24, 36, 142, 205, 206-216, 236
Nun ヌーン　231

O
Occult, the オカルト
  and meditation オカルトと瞑想 197, 198
  and Scorpio オカルトと蠍座　176
  and Tarot オカルトとタロット　7, 8, 13, 42, 236
Orb (Symbol) 宝球(象徴)　264
Osiris オシリス　15, 213, 225, 243
Ouspensky, P.D.　P.D.ウスペンスキー 19

P
Page ページ　76, 90, 110, 130, 150, 162, 228
Palms シュロ、ヤシ　32, 120, 264
Papus (Dr.Gerard Encausse) パピュス(ジェラール・アンコース博士)　14, 17
Paracelsus パラケルスス　76
Path (of development) 道(発展の)　56,

64, 264
Paths (and Tarot Keys) 小径(と大アルカナ) 229-233
Peh (ペー) 231
Pentacles ペンタクル 264
Pentacles (card) ペンタクル(カード) 7, 75, 140-156, 192-193, 227
Pentagram 五線星(形) 58, 77, 209
Pictorial Key to the Tarot 新タロット図解 18, 211, 255
Pike, Albert アルバート・パイク 19
Pilgrim's Progress 天路歴程 28
Pillars 柱 265
  of Solomon's Temple ソロモンの寺院の柱 32, 38, 50, 201
  of Tree of Life 生命の木の柱 38, 42, 183, 218-221, 224, 225, 226, 228, 240, 242, 243
Piscean age 魚座時代 54, 234, 250
Pisces, the Fish 魚座 176, 178, 231, 238, 239, 250
Planets 惑星 234, 235, 237, 241, 242, 244, 245
Pluto 冥王星 235, 240
Pomegranates ザクロ 32, 265
Pope's crown 法王の冠 38
Practical Guide to Qabalistic Symbolism, A, カバラのシンボリズム 18
Priest (as symbol) 神父、聖職者(象徴としての) 38, 247
Psychic signs (in Astrology) サイキック(心霊的な)サイン(占星学上の) 176, 250
Psychic work, dangers of サイキック(心霊的)な作業の危険性 198-199
Pyramids (as symbol) ピラミッド(象徴としての) 90, 94, 265
  and number ピラミッドと数字 209
Pythagoras ピタゴラス 206

Q

Qoph コフ 231
Queens (cards) クイーン(カード) 9, 76, 94, 114, 134, 154, 162, 228
Querent 質問者 8, 80, 86, 162, 163, 164, 165, 169, 170, 175, 176, 183, 184

R

Rainbow 虹 109, 265
Raphael (angel of air) ラファエル(風の天使) 40, 247, 261
Raphael(astrologer) ラファエル(占星術師) 235
Reader 読み手、占い師 8, 23, 162, 163, 169, 175
Readings リーディング 163-166
  examples of リーディングの例 171-173, 177-180, 184-189
Regardie, Israel イスラエル・リガルディ 19
Religion, changes in 宗教上の変化 251
  Sun myth in 宗教上の太陽神話 212, 243
Resh レシュ 231
Revelation, Book of 黙示録 48, 206, 211
Rider pack ライダーパック 10, 18, 75, 161, 211
River (as symbol) 川(象徴としての) 54, 104
Roses (as symbol) バラ(象徴としての) 28, 30, 38, 54, 81, 154, 265
Rosicrucianism 薔薇十字会 16

S

Sacred Tarot 聖なるタロット 181

Sagitttarius, the Archer 射手座　174, 176, 178, 231, 238, 239, 249
Salamander サラマンダー　76, 92, 96, 265
Samech サメク　231, 232
Satan 悪魔　60, 241
Saturn 土星　58, 223, 231, 238, 239, 240
Scales 秤、天秤　50, 212, 248, 265
Scepter 笏《しゃく》　34, 96, 116, 156, 223
Science of Mind 心の科学　19
Scorpio, the Scorpion 蠍座　28, 48, 174, 176, 178, 231, 234, 238, 239, 246, 249
Scott, Sir Walter ウォルター・スコット卿　235
Sepharial (astrologer) セファリアル　235
Sepher Yetzirah, the (Book of Formation)（形成の書）　217
Sephiroth セフィロト　75, 201, 216, 218, 220, 222, 224, 226, 229, 236, 237, 242
Serpent 蛇　30, 40, 48, 101, 106, 265
Shelley, Pecey Bysshe パーシー・ビッシェ・シェリー　235
Shellfish ザリガニ　266
Shin シン　231
Shiva シバ　223, 227
Shuffling the cards カードのシャッフル　162-163
Smith, Pamela Colman パメラ・コールマン・スミス　18
Solar cross 太陽の十字架　32, 261, 264
Spades (suit) スペード（スート）　7, 76
Sphinx スフィンクス　42, 48, 246, 256, 266
Star, The (Key 17) 星（17番）　62, 185, 190, 215, 231, 237, 238, 239, 250
Stars, symbolism of 象徴主義の星　266
　5-pointed 五芒星　77, 209
　6-pointed 六芒星　34, 46, 210
　8-pointed 八芒星　42, 48
Strength (Key 8) 力　44, 50, 178, 179, 190, 211, 231, 237, 238, 239, 248, 256
Subconscious, the 潜在意識　40, 42, 56, 62, 68, 70, 76, 100, 104, 110, 198, 199, 200, 201, 218, 220, 226, 232, 244, 245, 249, 255
Sun 太陽　28, 54, 56, 60, 66, 186, 213, 214, 215, 231, 234, 238, 239, 242, 243, 245, 246, 255, 266
Sun, the (Key 19) 太陽（19番）　66, 190, 202, 231, 238, 239, 242, 246, 257
Sunflowers ひまわり　66, 94, 257, 266
Superconscious 超意識　40, 70, 200, 218, 247, 256
Sword 剣　50, 120, 121, 122, 124, 126, 127, 128, 129, 130, 134, 267
Sword (cards) ソード（カード）　7, 77, 120-136, 192, 224, 227
Sylph シルフ　77, 134, 267
Symbols 象徴　7, 13, 23, 48, 198, 201, 235, 236, 250, 251, 261-268

T

Tarot, The, A Key to the Wisdom of the Ages TAROT-世紀の知恵の鍵　18
Tarot, the Its Occult Signification, Use in Fortune-Telling, and Method of Play　17
Tarot of the Bohemians, The ボヘミアンのタロット　17
Tarroc タロッコ　9
Tau タウ　231
Taurus, the Bull 牡牛座　48, 76, 156, 175, 178, 231, 234, 238, 239, 240, 246, 247, 250
Temperance (Key 14) 節制（14番）　56, 185, 190, 214, 231, 232, 239, 247
Teth テト　231

Thoth トート　15, 23
Tiphareth, 6th Sephiroth ティファレト、6番目のセフィロト　219, 220, 222, 223, 224-225, 226, 228, 230, 231, 232, 238, 239, 242-243
Tower, The (Key 16) 塔(16番)　60, 185, 186, 190, 214, 231, 238, 239, 241
Towers (as symbols) 塔(象徴としての)　54, 60, 64, 267
Tree of Knowledge of Good and Evil 善悪を知る木　40, 267
Tree of Life 生命の木　23, 38, 42, 75, 182, 267
  and the Kabalah 生命の木とカバラ　217-233
  meditating on 生命の木での瞑想 198, 201-202
  method of reading cards, 生命の木のリーディング法　183-189
  path on 生命の木の小径　230, 231-233
  pillars 生命の木の柱　220
  three-dimensional 三次元の生命の木　237-251
Triangle 三角　56, 70, 184, 210, 213, 222, 225, 243
Troward, Thomas トーマス・トロワード　19, 32
Trumpet トランペット、ラッパ　68, 210, 249
Typhon (serpent) テュポーン(蛇)　48, 212, 246
Tzaddi ツァディ　231

U
Undine オンディーヌ　76, 114, 267
Universes, see World (Key 21) 世界〈21番を参照〉
Uranus 天王星　235, 240

V
Vav ヴァヴ　38, 231
Venus ビーナス、金星　13, 34, 36, 50, 94, 132, 225, 231, 238, 243, 262
Vibration 波動　56, 66, 161, 200
Virgo, the Virgin 乙女座　176, 178, 179, 231, 238, 239, 248
Vishnu ヴィシヌ　223
Voice of Silence 沈黙の声　46

W
Waite, Arthur Edward アーサー・エドワード・ウェイト　9, 17, 18, 75, 161, 211, 255
Wand 棒　28, 30, 70, 209, 214, 267
Wands (cards) ワンド(カード)　7, 76, 80-96, 191, 227, 228
Waste Land, the 荒地　19
Water 水　30, 36, 54, 56, 62, 66, 70, 75, 100, 110, 114, 116, 125, 214, 226, 227, 231, 232, 237, 240, 246, 247-248, 249, 250, 267
Wheat 小麦　34, 267
Wheel of Fortune 運命の輪　23, 48, 190, 212, 231, 238, 239, 256
Williams, Charles チャールズ・ウィリアムズ　19
Wirth, Oswald オズワルド・ウィルト　17
Wolf 狼　28, 64, 268
World, The (Key 21) 世界(21番)　23, 52, 70, 190, 213, 215-216, 231, 237, 238, 239, 255
Wreath 花輪　34, 70, 240, 268

Y
Yeats, W.B. W.B. イェーツ　19

Yesod, 9th Sephiroth イエソド、9番目のセフィロト　219, 224, 225, 226, 230, 231, 232, 238, 239, 244-245
Yetzirah イェツィラー　221, 227, 228
Yods ヨッド　60, 64, 80, 120, 231, 268

Z
Zain ザイン　231
Zain, C.C. C.C.ザイン　181
Zodiac 十二宮　40, 48, 52, 54, 58, 128, 211, 213, 227, 234, 236, 237, 238, 239, 240, 246, 268

《訳注》

訳注 1：秘密結社ゴールデン・ドーンの上位階級。この結社では、その階級によって扱える秘儀が異なっていた。

訳注 2：シェークスピア「ハムレット」第一幕　五場、116－117行

訳注 3：ヨハネによる福音書1章14節（日本聖書協会　聖書　新共同訳）

訳注 4：2本の柱のパターンは、女教皇、法王、戦車で出てくる。

訳注 5：教皇が大司教に授ける白い羊毛製の帯で、教皇の権威を分有するしるし。

訳注 6：神智学の創始者、ヘレナ・ブラヴァツキーの著作。

訳注 7：アサジョーリによれば、純粋な自己への気づきの中心点の事。意識の中心とも言える。注意深い内省によってのみ、探知される。

訳注 8：エドワード・アーノルド卿　The light of Asia（アジアの光）より

訳注 9：詩篇119篇105章（日本聖書協会　聖書　新共同訳）

訳注10：ギリシア神話に出てくる怪物。100頭の竜が肩から生え、ひざから下はとぐろを巻く毒蛇。

訳注11：エジプト神トトもギリシャ神話のヘルメスの元になったと言われているが、アヌビスもヘルメスの元であり、その後合体してヘルマヌビスという神にもなっている。

訳注12：四隅にいる動物は、それぞれ十二宮の第2、第5、第8、第11ハウスを代表する動物である。ハウスの番号を足すと、26になる。

訳注13：P238～239参照

訳注14：金と銀については、Oswald Wirth Tarotの概念を用いたと思われる。ウェイト版のオリジナルでは、どちらも黄色に描かれている。

訳注15：詩篇第127篇1章（日本聖書協会　聖書　新共同訳）

訳注16：トーマス・トロワードによれば、個人個人の心は、宇宙的心の

個別的な表現である。
訳注17：ヨハネによる福音書5章28節（日本聖書協会　聖書　新共同訳）
訳注18：P5タロットの定義参照
訳注19：Gentlemanより下位の自由所有権保有農。中世ではServantであったが、自由保有農となり、英国中堅階級を形成する。
訳注20：カトリック教会で聖体を受けさせる時に使う杯。
訳注21：原文には左手にとあるが、実際には右手なので訂正した。
訳注22：原文には第7ハウスの記述は無い。
訳注23：象徴カードをデッキに戻した場合は、ダートパックは8枚になる。
訳注24：原文のまま訳したが、敢えて言えば陸路の旅であろう。
訳注25：自分が文字を書いていると意識せずに書く事。
訳注26：原文には20番とあるが、明らかに19番の間違えなので訂正した。
訳注27：原文には125ずつとあるが、125はゲマトリアでone＝1の意味である。
訳注28：アリス・ベイリーによれば、太陽神が地球のイニシエーションの時に使うロッド。
訳注29：スペイン生まれのユダヤ人哲学者・医師・律法学者。（1135～1204）
訳注30：創世記第1章（日本聖書協会　聖書　新共同訳）
訳注31：ここでの小径とタロットカードとの対応表は、アレイスター・クロウリーによるものである。
訳注32：ローマの詩人。70～19 BC
訳注33：原文では、蠍座―風、水瓶座―水となっているが、マルクトのところの記述を見ると、蠍座―水、水瓶座―風の間違いであろう。
訳注34：マタイによる福音書6章9節（日本聖書協会　聖書　新共同訳）
訳注35：原文では、エジプトの神ヘルメスは、ギリシャの神マーキュリーとあるが、明らかな間違いであるので、訂正した。

訳注36：古代 Thebes の多産と生命の象徴たる羊頭神。

訳注37：2005 年現在、春分点は魚座の 5°にある。

訳注38：原文では 10 番も記載されているが、実際には 10 番に旗は見当たらない。

訳注39：原文には 4 番とあるが、3 番の間違いであろう。

訳注40：ヨハネによる福音書 1 章 14 節（日本聖書協会　聖書　新共同訳）に出てくる言葉。

訳注41：マタイによる福音書 16章 18 節（日本聖書協会　聖書　新共同訳）

訳注42：旧約聖書に出てくる巨人。

訳者あとがき

この本は、イーデン・グレイの学習書3部作の2作目である。今回は、前回の「啓示タロット」で詳しく触れられなかった数秘学、カバラ、占星術とタロットの関連が述べられている。それぞれが古くからの伝統に基づいた思想で、複雑な体系を持っているが、イーデン・グレイは、1つ1つ丁寧に判りやすく解説している。

タロットのリーディングに徹したい方には、本書を読むと、占い方の説明が少なく感じられ、物足りないかもしれない。しかし、カードの背後にあるこれらの思想に触れた時、タロットカードに込められた深い意味を知る事となるのである。それを知ってから、カードに向かい合うと、リーディングに一段と深みを増すのは確実である。

一作目の「啓示タロット」はお蔭様で好評を得、第三版を重ねる事となった。原因は、イーデン・グレイという、ビッグネームの著書だからである。そして、それだけ日本の皆さんが真正なタロットの知識を得たいと願っているからだろう。その熱意を感じ、非力ながら、是が非でも二作目の「皆伝タロット」の翻訳を完成したいと思った次第である。

「皆伝タロット」は、「啓示タロット」に比べ、明らかにニューソート（新思想）の影響が強い。しかし、それは決して、タロットの正統な解釈を曲げるものではなく、イーデン・グレイの生きた時代の息吹を感じさせるものである。そして、相変わらず彼女の優しく暖かい眼差しが随所に光っている。まさに、グレートマザー、イーデン・グレイの真骨頂であろう。

「啓示タロット」でタロットという宝に触れた皆さんが、「皆伝タロット」でその宝を磨いてくだされば、こんなに嬉しい事は無い。タロットは、物質主義に引きずられがちな現代人をより高い精神性に導く、有効な道具なのである。どうか、上手に使って、日々の問題を解決し、皆さんの中にある高い精神性を見出してほしい。

最後に、超多忙な中、引き続き詳細な校閲をしてくださった師匠の幸月シモン先生、数々の英語の質問に答えてくれた友人のデビーとアリサ、辛抱強く原稿を待ってくださった郁朋社の佐藤聡社長、心強いアドバイスをしてくださった編集者の正岡玲二郎さん、無名の翻訳者を売り込んでくださった営業の三輪映二さんに、心から御礼を申し上げたい。

2005年2月吉日　星みわーる

参考文献

・「新訳聖書　新共同訳」　日本聖書協会
・「セブン・レイズサイコロジー」　小島露観著　たま出版
・「ニューソート」　マーチン・A・ラーソン著　高橋和夫、井出啓一、木村清次、越智洋、島田恵訳　日本教文社
・「サイコシンセシス」　R.アサジョーリ著　国谷誠朗・平松園枝共訳 誠信書房
・「沈黙の声」　H.P.ブラヴァツキー著　三浦関造訳　竜王文庫
・ "The Light of Asia"　by Sir Edwin Arnold, Windhorse Publications
・ "The Tarot Revealed"　by Eden Gray, Signet Book
・ "Mastering Tarot"　by Eden Gray, Signet Book
・「神秘のカバラー」ダイアン・フォーチュン著　大沼忠弘訳　国書刊行会
・「イニシエーション」アリス・A・ベイリー著　仲里誠桔、小島露観共訳　たま出版
・ "The Labours of Hercules" by Alice A. Bailey, Lucis Publishing Company
・「創造的進化」ベルグソン著　真方敬道訳　岩波書店

＊プロフィール

イーデン・グレイ（1900年〜1999年）

元女優。キャサリン・コーネル、フレデリック・マーチ、ブライアン・エイーハーンと共に、ロンドンの劇場で活躍した。その後10年間ニューヨークで形而上学の本を扱う書店を経営。その間、タロットについて初心者向けの指導の必要性を痛感し、自らタロットを教えたり、指導書の執筆に努めた。米国では、タロット占い師の母と呼ばれている。本書は長らく日本で幻の3部作と謳われたその指導書の第2作である。

星みわーる

上智大学仏文科卒。読売文化センターにて弦エニシ氏のクラス（タロット・占星術）を受講。その後翻訳会社に勤める傍ら、幸月シモン氏に師事し、タロットを学ぶ。米国タロット協会（American Tarot Association）会員。インターネット上で活躍する猫占い師、アル・カマル・ミミの後見人でもある。英語の他、仏語、アラビア語を操る。

幸月シモン

占術師。米国タロット協会（American Tarot Association）会員。十代の頃より占術に親しみ、ルネ・ヴァンダール・ワタナベ氏に師事。タロットカード、西洋占星術、カウセリング技法等を学ぶ。世間的なものの考え方に縛られず、質問者の価値観に合った幸せを探す姿勢が好評を博している。現在の主な活動は、対面鑑定と占術教授。

A COMPLETE GUIDE TO THE TAROT

by EDEN GRAY

Japanese language translation rights arranged with
Peter Gray Cohen
through Tuttle-Mori Agency, Inc., Tokyo

皆《かい》伝《でん》タロット

2005年6月19日　第1刷発行
2006年7月　1日　第2刷発行

著　者 ── イーデン・グレイ
訳　者 ── 星《ほし》 みわーる

発行者 ── 佐藤　聡
発行所 ── 株式会社 郁朋社《いくほうしや》

〒101-0061　東京都千代田区三崎町 2-20-4
電　話　03（3234）8923（代表）
FAX　03（3234）3948
振　替　00160-5-100328

印刷・製本 ── 日本ハイコム 株式会社

Printed in Japan　ISBN 4-87302-308-4 C0098

郁朋社ホームページアドレス　http://www.ikuhousha.com
この本に関するご意見・ご感想をメールでお寄せいただく際は、
comment@ikuhousha.com までお願い致します。